ふしぎだね。
きれいだね。
たのしいね。

体験から学ぶ 領域「環境」「表現」に
関する専門的事項

槇　　英子

末永　昇一

木下　和彦

学校図書株式会社

はじめに

　幼児期の教育は、「環境」を通して行うものであることが基本です。子どもは、自ら場やものや人に関わり、体験を通して関わり方を見つけ、環境の意味に気付き、自分ならではの価値を創り出していきます。保育者には、そうした子どもの学びの姿を思い描きながら保育を構想し、環境を構成していく専門性が求められています。子どもが感じることを感じ、共鳴し合いながら次の関わりを発想できる感性や想像力、保育を構想する思考力や実践する判断力・表現力はどうしたら養われるのでしょうか。

　そのために必要なのは、「体験を通しての学び」なのではないでしょうか。本書は、保育者となる過程において、心と体が共に動く体験を通して幼児期の見方や考え方を学ぶ機会を豊かに持つことが大切であるという考えに基づいて作られています。一方で、体験型の授業は、準備から片付けまで、多くの時間を要します。保育者養成校の限られた授業時数では、実施可能な体験型授業には限りがあります。そこで、領域を融合させ、1つの体験を深めることによって、複合的な学びを引き出すことのできる授業を構想しました。それによって、保育者としての豊かな資質能力を養うだけでなく、保育の総合性を体感しながら、背景にある学問領域や保育に関する知識・技能を獲得することができるのではないかと考えました。また、体験型授業は、必ずしも教室という場での一斉授業でなくてもよいため、遠隔授業などの多様な学びの形式にも対応することができます。

　本書では、保育内容の中の「もの」や「こと」に深く関わる領域である「環境」と「表現」に焦点をあてました。この2つの領域については、砂場遊びや製作遊びなど、子どもの活動には共通性が高い一方で、そのねらいは同じではありません。そのため、各体験からの発展ワークによって、一つの体験が多面的な学びにつながっていることを実感し、それぞれの基盤となる学問領域の専門的事項を、保育場面と関連付けながら学ぶことができるようにしました。本書が、遊びや体験に潜む学びを探るヒントになり、豊かな環境と保育の構想に役立つことを願っています。

著者一同

DOWNLOAD 00

本書では、主体的な学びにつながるワークシートを多く用いています。ダウンロードのマークがあるページは、右のQRコードを読み込むことで、印刷し使用することができますのでご活用ください。

※本書およびワークシートデータは、著作権法により保護されています。

https://gakuto.co.jp/worksheet_hoiku/

もくじ

I 理論編

理論編

1 幼児教育における領域「環境」と領域「表現」

❶幼児期の教育と領域

みなさんは、自分の幼児期のことを覚えていますか？

保育を学ぼうと思っているみなさんは、きっと保育園や幼稚園で、楽しい日々を過ごしたのではないでしょうか。なぜ楽しかったのでしょうか。一緒に遊ぶお友達がいたから、優しい先生がいたから、楽しい行事や体験があったから、遊具を使った遊びや砂場での遊びが楽しかったから、などそれぞれの理由があるでしょう。そんな楽しさの源の全てが、幼児期の教育における**環境**なのです。幼児期は、**環境**が生活や遊びの充実、教育の質を左右する時代といえるでしょう。

環境との出会いは、偶然による場合もありますが、その多くが、保育の専門家である先生達がみなさんの育ちを願って意図的に用意したものです。それぞれにどんな願いがこもっていたのかを想像してみてください。

この本の案内役の「しずく」です。よろしくね。

（1）環境を通して行われる教育とは

『幼稚園教育要領』※1の第一章　総則において、幼児期の教育は、「<u>幼児期の特性を踏まえ、**環境**を通して行うもの</u>であることを基本とする」と明記されています。前文には、「<u>幼児の自発的な活動としての遊びを生み出すために必要な**環境**</u>を整え、一人一人の資質・能力を育んでいくことは、教職員をはじめとする幼稚園関係者はもとより、家庭や地域の人々も含め、様々な立場から幼児や幼稚園に関わる全ての大人に期待される役割である」と書かれています。そして、教師は「<u>幼児が身近な**環境**に主体的に関わり、**環境**との関わり方や意味に気付き、これらを取り込もうとして、試行錯誤したり、考えたりするようになる**幼児期の教育における見方・考え方**</u>を生かし、幼児と共によりよい教育**環境**を創造する」ことが求められています。何かを教えるのが仕事なのではなく、子どもが自ら関わることや気付くこと、試行錯誤することができる環境を整えることが保育者の役割であるという理解は、保育の専門性を獲得するための第一歩といえるでしょう。子ども達が自発的に様々な経験を積むことのできる**環境**づくりが行える保育者を目指しましょう。（＊下線太字は筆者）

そのためには何を学んだらよいのでしょう。まず、子どもと関わる自分自身が豊かな**環境**となることを目指す必要があるでしょう。「幼児と共によりよい教育環境を創造する」と書かれているように、子どもの存在をかけがえのないものとして感じ取り、対話的に保育を進める力が欠かせません。さらに、感じ取る感性だけでなく、思いに応じて環境をつくり出す力、周囲の状況をいかす判断力や思考力、遊びの世界に誘う表現力や創造力を養うことが大切です。

環境が体験を豊かにする

それを培うのは、豊かな体験です。乳幼児期にふさわしい体験や魅力的な環境に関する知識を増やしながら、実際に身近な環境に触れ、いろいろな関わり方や捉え方を体感し、子どものための体験や環境に関する様々なイメージが持てるように学びを重ねていきましょう。

　ところで、具体的にどんな体験が、よりよい教育環境の創造につながるのでしょうか。その根拠となるのが保育内容の「領域」です。「領域」は、幼児期に育みたい心情・意欲・態度などの目標群を5つにまとめ、分けて示したもので、「健康」「人間関係」「環境」「言葉」「表現」の5領域があります。各領域には「ねらい」があり、自発性や主体性を育てる中で身体能力や社会性、知的能力や言語能力や感性を育むという方向性が示され、遊びを通して総合的に育成することが求められます。なお、領域名としての「環境」は、「**環境を通して**」の環境とは異なりますので、後述の領域「環境」についての解説を読んで理解して下さい。

　「領域」は子ども達の育ちを見る窓ともいわれます。どの窓からも育ちが見えるような保育が実現できるよう、「領域」を踏まえた多様な体験を通して専門性を高めていきましょう。そのためには多様な体験が必要となりますが、養成段階に体験から学ぶことが特に有効な「領域」があります。それは、「環境」と「表現」です。それはなぜなのかを乳児期の保育の観点から考えてみましょう。

（2）乳幼児期の発達と保育内容

　平成29年に告示された『保育所保育指針』[※2]には、第一章総則「保育の目標」の一番はじめに、「十分な養護の行き届いた環境の下に、くつろいだ雰囲気の中で子どもの様々な欲求を満たし、生命の保持及び情緒の安定を図ること」と書かれています。こうした養護的な側面と教育的側面を一体化して行うことが乳幼児期の教育の基本となります。そして、乳児（0歳児）の保育内容は、5領域ではなく、3つの視点から捉えられています。そのねらいと内容は、①身体的発達に関する視点「健やかに伸び伸びと育つ」②社会的発達に関する視点「身近な人と気持ちが通じ合う」③精神的発達に関する視点「身近なものと関わり感性が育つ」の3つにまとめられており、1歳以上の保育内容の5領域とは、図のような関係が示されています（図1）

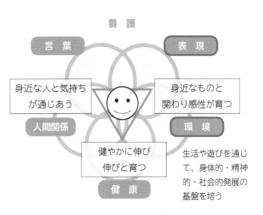

図1：乳児の保育内容と幼児教育の保育内容の関係
「0歳児の保育内容と1歳以上の5領域とのつながりのイメージ：厚生労働省社会保障審議会保育所保育指針の改定に関する議論のとりまとめ資料」をもとに作成（槙）

　これによって、領域「環境」と「表現」が、同じ源流をもつことが理解されます。2つの領域に分かれる前の「身近なものと関わり感性が育つ」の3つのねらいを見てみましょう。

第2章　保育の内容　1　乳児保育に関するねらい及び内容　（抜粋）

（2）ねらい及び内容

ウ　身近なものと関わり感性が育つ

　身近な環境に興味や好奇心を持って関わり、感じたこと考えたことを表現する力の基盤を培う。

　（ア）ねらい

　　①身の回りのものに親しみ、様々なものに興味や関心をもつ。

　　②見る、触れる、探索するなど、身近な環境に自分から関わろうとする。

　　③身体の諸感覚による認識が豊かになり、表情や手足、身体の動き等で表現する。

　　　　　　　　　　　　　　　　　　　　出典：保育所保育指針（平成29年告示）[※2]

子ども達は、乳児期から「身近なもの」と関わる体験によって、自発性や興味関心、感性を育み、思考力、表現力の基盤を培っています。そのため、保育環境としての「身近なもの」についての理解は、保育者として必ず獲得しなければならない重要な専門性であり、領域「環境」と「表現」と共通の基盤になるものです。そして、「身近なもの」は、多様な関わり方と多面的な捉え方、表し方を体験することによって理解されます。

たとえば、「花」という同じ「身近なもの」であっても、子どもが「ふしぎ」という知的関心を寄せる場合も、「きれい」という美的関心を持つ場合もあるでしょう。「お花の色が変わっている」という気付きは、色の変化を探究する遊びにも、感じたことを絵に表す活動にもつながります。そうした遊びや活動の足場となる環境を具体化するための専門的知識を身に付けるのに必要なのが、体験です。保育者自身が、植物を見つめて心を動かす体験や多様な色水遊びや表現技法の体験が、子ども達にとって意味のある活動への展開を支えるのです。保育者には、「身近なもの」が持つ性質や可能性の体験的理解が必要であり、どのような関わり方を促し、どんな育ちにつなげるのかを見通す力が求められます。

「環境」と「表現」は、「身近なもの」と「感性」が共通のポイントなんだね！

身近な事象・対象の理解が環境作りの基本

（3）幼小の接続をふまえた幼児期の体験

　これまで、保育内容から保育者の専門性を考えてきましたが、小学校への接続の観点からも考えてみましょう。小学校学の各教科には「〜できる」という到達目標が示されていますが、保育内容の「領域」にはありません。到達させるための指導は自発性や意欲をそぎ、幼児期の指導にふさわしくないことから、方向目標となっています。幼児教育に関する法令には、「幼児期の終わりまでに育ってほしい姿（10の姿）」が示されましたが、その中間的な指標として、移行期の評価の視点を与えています。これらの姿につながるかどうかという観点は、環境や体験を構想する際の手がかりになります。また、平成29年に公示された『学習指導要領』[※3]には、学校教育が長年その育成を目指してきた「生きる力」をより具体化して育成を目指す「資質・能力の三つの柱」が示されました。「知識及び技能」「思考力、判断力、表現力等」「学びに向かう力、人間性等」の三つは、幼児期から学校教育全体を貫く資質・能力とされ、教科教育の目標及び内容も、この三つの柱で再整理されました。幼児教育から学校教育への流れを表に整理しました。

表1：資質・能力の3つの柱の接続

	知識・技能	思考力・判断力・表現力等	学びに向かう力、人間性等
幼児教育で育まれる資質・能力（一体的に育む）	豊かな体験を通じて、感じたり、気付いたり、分かったり、できるようになったりする（知識及び技能の基礎）	気付いたことやできるようになったことなどを使い、考えたり、試したり、工夫したり、表現したりする（思考力・判断力・表現力等の基礎）	心情、意欲、態度が育つ中で、よりよい生活を営もうとする（学びに向かう力、人間性等）
資質・能力が育まれている幼児の修了時の姿（10の姿）	健康な心と体 　自立心 　協同性 　道徳性・規範意識の芽生え 　社会生活との関わり 思考力の芽生え 　自然との関わり生命尊重 　数量・図形、文字等への関心・感覚 　言葉による伝え合い 　豊かな感性と表現		
学校教育で育まれる資質・能力	何を理解しているか、何ができるか（生きて働く「知識・技能」の習得）	理解していること・できることをどう使うか（未知の状況にも対応できる「思考力・判断力・表現力」等の育成）	どのように社会・世界と関わり、よりよい人生を送るか（学びを人生や社会に生かそうとする「学びに向かう力・人間性等」の涵養）

　この表からは、資質・能力の中心が、心情・意欲・態度から、獲得する内容や達成する事柄に移行していくことが読み取れます。ただし、学校教育で習得する知識・技能は「生きて働く」ものであり、目指すのは「人生や社会に生かそうとする」学びです。つまり、これからの時代に求められる資質・能力は、人工知能（AI）にかなわない暗記力等ではなく、人間にしかできない目的の付与や価値判断や創造する力等なのです。

　また、様々な体験等を通して培われる「幼児期の教育における見方・考え方」（p.6 二重下線）が、小学校以降における各教科等の「見方・考え方」の基礎になることも理解しておきましょう。（Ⅲ発展編 p.121 参照）その基礎となるのが、身近な環境に主体的に関わり、関わり方や意味に気付き、試行錯誤したりといった幼児期の体験とされています。

　次に、本書で学ぶ2つの領域「環境」と「表現」に関する専門的事項について、詳しく見ていくことにしましょう。

参考　※1：文部科学省『幼稚園教育要領』フレーベル館（平成29年告示）
　　　※2：厚生労働省『保育所保育方針』フレーベル館（平成29年告示）
　　　※3：文部科学省『小学校学習指導要領』東洋館出版社（平成29年告示）

2 領域「環境」とは

「環境」という言葉から何をイメージしますか。草木や虫などの生物でしょうか。山、川、海など、周囲の様子でしょうか。空気、水、土や砂といった自分を取り巻くものでしょうか。他にも人的環境、環境保護、職場環境、家庭環境、という言葉もあります。

領域「環境」の変遷を手始めに、領域「環境」について考えてみます。

（1）領域「環境」の変遷

教育の内容が「健康」「人間関係」「環境」「言葉」「表現」の5領域と明示されたのは1989年（平成元年）告示の幼稚園教育要領です。それ以前は「健康」「社会」「自然」「言語」「音楽リズム」「絵画製作」の6領域でした。1989年に「社会」と「自然」の領域が統合されて「環境」になったことがわかります。今の領域「環境」に相当する内容が初めて明示されたのは1926年（大正15年）の幼稚園令施行規則で、そこには「観察」と書かれています。

第二条　幼稚園ノ保育項目ハ遊戯、唱歌、観察、談話、手技等トス

●幼稚園令施行規則（抄）（大正15年4月22日勅令第17号）
文部科学省ホームページ、学制百年史資料編より

その後、観察（1926）→自然観察（1948）→自然（1956）→環境（1989）と変わっていきます。

表現が変わったり、社会に関する内容が含まれたり含まれなかったりしたものの、1926年から変わらず領域「環境」に関することが教育の内容として明示されています。領域「環境」は、子どもの成長になくてはならない大切な内容だということがわかります。

（2）領域「環境」でねらうもの

保育所保育指針・幼稚園教育要領では、保育所・幼稚園の教育内容は、健康・人間関係・環境・言葉・表現の5領域であると明示しています。

領域「環境」の「環境」と、「環境を通して行う」という、幼稚園教育の基本としての、方法としての「環境」とは区別して考えます。本書で考えたいのは、5つの領域の中の1つの内容としての「環境」です。方法としての「環境」を通して教育しているので、内容としては「環境」は特に気を配る必要はない、と考えず、領域「環境」でねらっていることを十分把握しておく必要があります。

保育所保育指針・幼稚園教育要領には、以下の12の内容が示されています。

⑴ 自然に触れて生活し、その大きさ、美しさ、不思議さなどに気付く。
⑵ 生活の中で、様々な物に触れ、その性質や仕組みに興味や関心をもつ。
⑶ 季節により自然や人間の生活に変化のあることに気付く。
⑷ 自然などの身近な事象に関心をもち、取り入れて遊ぶ。
⑸ 身近な動植物に親しみをもって接し、生命の尊さに気付き、いたわったり、大切にしたりする。
⑹ 日常生活の中で、我が国や地域社会における様々な文化や伝統に親しむ。
⑺ 身近な物を大切にする。
⑻ 身近な物や遊具に興味を持って関わり、自分なりに比べたり、関連付けたりしながら考えたり、試したりして工夫して遊ぶ。

(9) 日常生活の中で数量や図形などに関心をもつ。

⑩ 日常生活の中で簡単な標識や文字などに関心を持つ。

⑪ 生活に関係の深い情報や施設などに興味や関心をもつ。

⑫ 幼稚園（保育所）内外の行事において国旗に親しむ。

このように環境領域で扱う内容は 12 項目と、多岐にわたっています。

　ここで 1 つ注意しなければならないことがあります。幼児教育は一体的に指導を行うため、保育者が気をつけていないと教育のチャンスを逃してしまう恐れがあるということです。領域「環境」に対する保育者の感性を高めておくことが大切になります。

　例えば、春になってモンシロチョウが飛んでいるのを目にした時、「今年初めてだ。まだ寒いけれど暖かくなってきたんだなあ。」と保育者が意識すれば、子どもに気付かせようとするでしょう。しかしそのようなことは特に意識しなくても日々の暮らしや仕事には差しさわりが生じないため、日常では見えていても意識しません。昨日の月はどんな形をしていたか、今朝、園の入り口に咲いていた雑草の花はどんな花だったか、全く気付かなくても日々の生活には影響がありません。しかし、保育者がそのようなことに気付くことが、子どもを育てることにつながります。

（3）領域「環境」と小学校での学びをつなぐ

　保育指針に記載されている領域「環境」のねらいは以下の 3 つです。

①身近な環境に親しみ、触れ合う中で、様々なものに興味や関心をもつ。
②様々なものに関わる中で、発見を楽しんだり、考えたりしようとする。
③見る、聞く、触るなどの経験を通して、感覚の働きを豊かにする。

「身近な生活に関わる見方・考え方を生かし，自立し生活を豊かにしていくための資質・能力を育成する」

　これは小学校の生活科の教科の目標です。領域「環境」と生活科は、ほぼ同じねらいであることがわかります。

　次に、領域「環境」の 12 の内容を、小学校での学びに結び付けてみます。

小学校・生活科の学習内容は、「学校、家庭及び地域の生活に関する内容」「身近な人々、社会及び自然と関わる活動に関する内容」「自分自身の生活や成長に関する内容」の 3 つです。領域「環境」の 12 の内容と照らし合わせてみると、内容(1)〜(8)は生活科につながっていることがわかります。内容(9)は数量や図形などに興味を持つ、という内容ですから、算数につながります。内容⑩は標識や文字ですから国

領域「環境」の 12 の内容	つながり
(1) 自然に触れて生活し、その大きさ、美しさ、不思議さなどに気付く。	生活科
(2) 生活の中で、様々な物に触れ、その性質や仕組みに興味や関心をもつ。	
(3) 季節により自然や人間の生活に変化のあることに気付く。	
(4) 自然などの身近な事象に関心をもち、取り入れて遊ぶ。	
(5) 身近な動植物に親しみをもって接し、生命の尊さに気付き、いたわったり、大切にしたりする。	
(6) 日常生活の中で、我が国や地域社会における様々な文化や伝統に親しむ。	
(7) 身近な物を大切にする。	
(8) 身近な物や遊具に興味を持って関わり、自分なりに比べたり、関連付けたりしながら考えたり、試したりして工夫して遊ぶ。	
(9) 日常生活の中で数量や図形などに関心をもつ。	算数
⑩ 日常生活の中で簡単な標識や文字などに関心を持つ。	国語
⑪ 生活に関係の深い情報や施設などに興味や関心をもつ。	学校生活
⑫ 幼稚園（保育所）内外の行事に置いて国旗に親しむ。	社会科

語につながります。内容(11)の施設は生活科につながります。内容(11)の情報は生活科の内容ではありませんが、時間割や予定表など、情報なしに小学校生活を送ることはできません。内容(12)は、第6学年の社会科の学習内容です。

　以上のように領域「環境」の内容は、小学校の学びにつながっていることがわかります。

（4）環境領域のねらいと3つの柱

　保育所保育指針、幼稚園教育要領、学習指導要領には、生きる力を育むことが教育の目標として掲げられています。そして育みたい資質・能力として「知識及び技能の基礎」「思考力、判断力、表現力の育成」「学びに向かう力、人間性」3つを挙げています。つまり幼稚園、保育所では5領域を通して3つの資質・能力の育成を目指すことになります。3つの資質・能力を領域「環境」ではどのように育成していけばよいのでしょうか。

①領域「環境」の知識、技能の基礎

　知識の基礎とは、例えば園庭に黄色い花を見つけたとき、その花の名前を「たんぽぽ」と正しく言えることでしょうか。黄色いのは「はなびら」だと言えることでしょうか。「葉っぱがギザギザだよ」ということを覚えることでしょうか。「茎を折ると白い液が出てくるよ」ということを知っていることでしょうか。

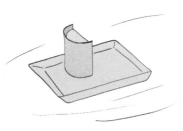

　それでは「基礎」という言葉は、必要ありません。名前を覚える、形態を知る、などではなく、花にはそれぞれ名前がある、という認識があればこれからの子どもの成長の過程で多くの知識を得ていくことができるでしょう。花の色だけでなく葉や茎の様子が違う、という認識があれば、もっと多様に知識を得ていく可能性が開けてきます。また、花の色、葉の色、茎の形、葉の形などの見る視点を多様にもつことができれば、これから植物を見分けていくことが楽しくなるはずです。このようなことが「知識、技能の基礎」となるのではないでしょうか。

②思考力、判断力、表現力等の基礎

　子どもが食品トレイを水に浮かべて遊んでいます。手で進めたり、口で吹いたりして楽しそうです。風が吹いてきてトレイの舟がスーッと速いスピードで進みます。

　このような状況で、子どもは何を考えているのでしょうか。
「口で吹かないのに進んだ。今のは何だったんだろう。」
「誰かが押したのかな。」
「風かな。また風が吹いたら同じように進むかな。」

　こう考えた子どもは風を待ち、様子を観察し、また風を待ち、様子を観察し、風と舟の進み方を関係付けようとするでしょう。舟に帆をつけようとする子がいるかもしれません。このように、子どもが同じようなことを繰り返し行っている時には、その子は頭の中でいろいろなことを考えているのではないでしょうか。そのような時に、保育者が
「風が吹いたから舟がスーッと進んだね。帆をつけるといいよ。」
と言ったらどうなるでしょうか。この子から考えることを奪ってしまうことにならないでしょうか。考えることは迷う事であり、困ることであり、繰り返すことであり、時には止まることでもあります。子どもがどんなことを考えながら遊んでいるのか、想像しながら見守ることが「思考力等の基礎を育成する」ことにつながります。

②学びに向かう力、人間性

　領域「環境」で「学びに向かう力」はどのようにとらえたらよいでしょうか。小学校の評価について
の資料からは、「粘り強い取り組み」と「自らの学習を調整しようとする」ことだと読み取れます。幼稚園・
保育所の子どもたちに当てはめて考えてみましょう。

　「粘り強い取り組み」は、子どもが熱中して遊んでいる姿だと考えることができます。がまんして、
がんばって、あきらめずに続けるということではなく、楽しく、熱中しているので少々の失敗や思い通
りにいかないことがあっても、遊びを工夫しながら続けるということです。ダンゴムシを見付ける～ダ
ンゴムシをたくさん見付ける～ダンゴムシがどこにいるか見当をつけて見付ける～（暗いところや石の
裏側にいるんだ）～ダンゴムシの歩き方を観察する～ダンゴムシが丸くなって元に戻る時の戻り方を観
察する～というように、自分の興味に従って楽しく遊びを続けていくということです。

　「自らの学習を調整する」は、友だちと関わりながら、見つけたことや作ったもの等で楽しく遊ぶ姿
だと考えられます。例えば試行錯誤して得た技術や知識を使って生活を豊かにする、つまり楽しく遊ぶ
ことにつながります。ダンゴムシをたくさん見付けたい～たくさん見付けた友だちにダンゴムシがいた
場所を聞く・ダンゴムシの絵本で調べる～ダンゴムシの飼い方を調べてすみかをつくる～ダンゴムシを
飼ってダンゴムシのお話をつくる、と目的のために積極的に情報を収集したり新たな遊びを創作したり
しようとする。保育者の目は、このように遊びが生活を変えていく方向を見据えていることが求められ
ているといえるでしょう。

(5) 領域「環境」につながる乳児期の体験

　乳児期の保育内容は、3つの視点から捉えられていること、その中の「身近なものと関わり感性が育
つ」に示された「ねらい」と「内容」が領域「環境」と「表現」の基盤になることは、すでに学びました。
ここでは、特に「環境」との関係性が深い内容について、具体的な体験について考えてみましょう。

①身の回りのものに親しみ、様々なものに興味や関心をもつ。

　Uちゃんが、ヨーグルトをこぼしてしまいました。しばらく観察していると、手で広げたり、指でぐ
るぐるとまぜたりして楽しそうです。手の形ができるのがおもしろいのでしょうか。ひんやり・べとべ
との感触を楽しんでいるのでしょうか。身の回りに起きるこのような体験が、ものやものの変化に興味
を持ち、自ら周囲のものに関わっていくことにつながり、「環境」に対する認識の広がりや深まりになっ
ていきます。ですからすぐに制止せずに安心して探索ができるよう見守りましょう。

　偶然のヨーグルト事件から一歩進め、豊かな遊びを引き出す保育材を考えてみましょう。何がUちゃ
んの楽しい遊びを引き出すでしょうか。まず、Uちゃんが興味を持った対象を推測します。Uちゃんが
興味を持ったのは、線をかくことでしょうか、ヨーグルトの感触でしょうか。次に、推測に基づいて保
育材を準備し、保育の場を設定します。Uちゃんが遊びを広げる素材を探してみましょう。

②見る、触れる、探索するなど、身近な環境に自分から関わろうとする。

　その後Uちゃんは、水を入れたビニール袋や氷を触って楽しむ様子が見られました。そこで保育者は、
「触れる」遊びを引き出す場を設定し、自ら環境に関わる力を引き出します。例えば、すぐ破れそうな紙、
つるつるの紙、ざらざらな紙、ダンボール等、様々な種類や大きさの紙を広げておきます。Uちゃんが
どのように紙と関わるのか、楽しみです。

　自分から積極的に周囲のものと関わろうとし、そして何かを感じる。このような遊びが、幼児期の「環
境」領域の保育内容につながり、小学校の生活科や理科の学習への重要な足場になっていきます。

3 領域「表現」とは

「表現」と聞いて、どのようなことを思い浮かべますか。

絵を描くこと、歌うこと、何か楽器を演奏すること、ダンスを踊ること、演技をすることなどでしょうか。

どうも世の中では、「もっと豊かな表現を」とか、「素晴らしい表現力」とか、表現とは、何か形に現れて、受け手に感じられる行為であると思われているようです。

保育内容の「表現」は、これに留まらない、もっと様々な行為を含んでいます。

その内容を見る前に、領域「表現」の成り立ちについて簡単に触れておきましょう。

●保育内容「表現」をめぐる歴史

戦後、幼稚園教育要領が 1956 年 (昭和 31 年) にはじめて策定された時には、領域に「表現」は含まれておらず、〈絵画製作〉〈音楽リズム〉という 2 つの領域がありました。ただし保育現場では、この 2 つの領域のねらいと内容が十分に理解されませんでした。結果、多くの園で領域を特定の活動に特化させたり、小学校の教科と何ら変わらない活動が行われたりしました。

こうした背景を踏まえ、1989 年 (平成元年) の改訂で新たに領域〈表現〉が生まれました。〈表現〉の誕生の背景には、単なる従来の〈絵画製作〉と〈音楽リズム〉との統合ではなく、子どもの表現に対する観方の転換があります。具体的には、表現の仕方を教えることから、生きるための基礎的な力としての表現を育むことへの転換が図られたのです。

最新の 3 法令における〈表現〉のねらいは次の通りとなっています。

> 感じたことや考えたことを自分なりに表現することを通して、豊かな感性や表現する力を養い、創造性を豊かにする。

このように、〈表現〉では子どもが「感じたこと、考えたこと」を大切にします。そして、それを「自分なりに」という表現が重要です。大人からみて「上手」であることや「素晴らしい」ものであることは必然ではなく、子どもがその時に持っている知識や技能を使って表現することを期待します。そして、表現を通して養うものは、「感性」と「表現する力」です。このことを通して、もともと子どもが持っている創造性をさらに豊かにしていくことが、領域〈表現〉のねらいです。

さらに具体的には、子どもの年齢によって内容が分けられています。

●保育所保育指針 (1 歳以上 3 歳未満児の保育に関するねらい)

> (ア) ねらい
> 1 身体の諸感覚の経験を豊かにし、様々な感覚を味わう。
> 2 感じたことや考えたことなどを自分なりに表現しようとする。
> 3 生活や遊びの様々な体験を通して、イメージや感性が豊かになる。

●保育所保育指針 (3 歳以上児の保育に関するねらい) 及び幼稚園教育要領

> (ア) ねらい
> 1 いろいろなものの美しさなどに対する豊かな感性をもつ。
> 2 感じたことや考えたことを自分なりに表現して楽しむ。
> 3 生活の中でイメージを豊かにし、様々な表現を楽しむ。

●表現の前にある「感じる」ことの大切さ

　人はなぜ表現しようと思うのでしょうか。表現の前には何かを感じたとか、感じたいという思いがあります。素朴な形での表現には、その前に「感じる」ことがあります。「感じる」ことは、「表現の芽生え」と言い換えることもできるでしょう。〈表現〉では、子どもの身体の動きや発話など、外側から見えるものだけではなく、こうした子どもの「表現の芽生え」を大切にすることが求められます。

　3歳未満児のねらいにある「身体の諸感覚」に着目してみましょう。感じることは、五感から得られます。

●五感をめぐるキーワード
　　・見る…形、色、輪郭、凹凸、肌理、表情、陰影
　　・聴く…音、音色、音楽、サウンドスケープ（音風景）
　　・匂いをかぐ…食べ物、植物、動物、土、海、雨、湿気、機械の出す匂い、人
　　・触れる…人、モノ、植物、動物、紙、水
　　・味わう…甘味、辛味、酸味、季節、地域、多文化

　五感から得た刺激に対して、人は感じ・考える存在です。見て感じ・考えたこと、聴いて感じ・考えたこと、それが大切なのです。

　ここで終わりではなく、領域〈表現〉は、感じ・考えた後に、自分なりに表現することを求めます。それは何か大きな表現でなくても良いのです。大人になるにつれ、表現することに対して他者の目を気にする経験を重ねた私達と違って、子どもはまだ感じ・考えたことを自然に表すことができます。その営みこそ、領域〈表現〉が最も大切にする子どもの姿です。

●表現の楽しさ

　表現することは、楽しいことばかりではありません。葛藤もまた表現の「楽しさ」です。

　例えば、コマ遊びをする、竹とんぼをつくって飛ばす、これらはいきなり上手に出来るものではありません。積み木を積み重ねることひとつとっても、思い通りに出来るとも限りません。これが、楽器や歌などになると、保育者の適切な設定がない限り、思ったように表現することはもっと難しく感じられます。

　でも、本当にやりたいと思ったことは、多少上手くいかなくても続けられるものです。〈表現〉では、子どもが笑顔で夢中になっている姿だけでなく、試行錯誤する姿も成長の種として大切にします。

　ここで、〈表現〉の内容をより詳しくみてみましょう。

●保育所保育指針（1歳以上3歳未満児の保育に関するねらい及び内容 (2)オ 表現 (イ)内容）

(1) 水、砂、土、紙、粘土など様々な素材に触れて楽しむ。
(2) 音楽、リズムやそれに合わせた体の動きを楽しむ。
(3) 生活の中で様々な音、形、色、手触り、動き、味、香りなどに気付いたり、感じたりして楽しむ。
(4) 歌を歌ったり、簡単な手遊びや全身を使う遊びを楽しんだりする。
(5) 保育士等からの話や、生活や遊びの中での出来事を通して、イメージを豊かにする。
(6) 生活や遊びの中で、興味のあることや経験したことなどを自分なりに表現する。

保育所保育指針（3歳以上児の保育に関するねらい）及び幼稚園教育要領

> (1) 生活の中で様々な音、形、色、手触り、動きなどに気付いたり、感じたりするなどして楽しむ。
>
> (2) 生活の中で美しいものや心を動かす出来事に触れ、イメージを豊かにする。
>
> (3) 様々な出来事の中で、感動したことを伝え合う楽しさを味わう。
>
> (4) 感じたこと、考えたことなどを音や動きなどで表現したり、自由にかいたり、つくったりなどする。
>
> (5) いろいろな素材に親しみ、工夫して遊ぶ。
>
> (6) 音楽に親しみ、歌を歌ったり、簡単なリズム楽器を使ったりなどする楽しさを味わう。
>
> (7) かいたり、つくったりすることを楽しみ、遊びに使ったり、飾ったりなどする。
>
> (8) 自分のイメージを動きや言葉などで表現したり、演じて遊んだりするなどの楽しさを味わう。

● 〈表現〉で何を育てるか

　幼児教育において育みたい資質・能力は、p.9 の表に示されている通り、次の3つの柱から成ります。

(1)豊かな体験を通じて、感じたり、気付いたり、分かったり、出来るようになったりする「知識及び技能の基礎」

(2)気付いたことや、出来るようになったことなどを使い、考えたり、試したり、工夫したり、表現したりする「思考力、判断力、表現力の基礎」

(3)心情、意欲、態度が育つ中で、よりよい生活を営もうとする「学びに向かう力、人間性等」

　この3つの柱は、必ずしも「音楽」「図工」といった、活動が直接的に結びつく教科だけでなく、すべての教科や課外活動など小学校教育全般にわたって受け継がれる資質・能力だといえます。

● 〈表現〉で保育者に求められること

　〈表現〉の内容と目指すことを理解し、保育に具現化するために、これから保育者を目指す人は、何をすべきなのでしょうか。

　〈表現〉は、大人の尺度にはめて、表現を評価したり、技能を高めたりすることではありません。また、大人が期待する表現を求めて、そちらに方向付けることでもありません。他方で、ただ外側から子どもの営みを傍観することでもありません。〈表現〉の立場からすると、子どもの表現する行為の質が高まるように援助していくことが、保育者に求められることなのです。そのためには、まず、保育者自身が、養成校での学びや日々の生活の中で、表現にかかわる経験を豊かにすることが大切です。

2 環境と体

1 空間・形・色に誘われる体

乳幼児期の教育は「**環境を通しての教育**」が基本であることを学んできました。ところで、それはなぜなのでしょう。**環境**そのものが学びの宝庫であることも理由の一つですが、ここでは、乳幼児期の子どもの側に焦点を当てて考えてみましょう。

子どもは大人には
聞こえない声を
聞いているらしい…

（1）取り巻く環境に誘われる体

はじめに、乳幼児期の特性を、発達心理学の知見から確認しましょう。ジャン・ピアジェ（Jean Piaget, 1896 - 1980）の提唱した発達段階説は、保育や教育を学ぶ人であれば、一度は耳にしたことがある有名な発達理論です。子どもの認知機能（思考）の質的な変化が、「感覚運動期」「前操作期」「具体的操作期」「形式的操作期」の4つの段階を経て進行するという説です。段階についての異論や発達は子ども自身ではなく関係性の中で生じる変化であるという議論もありますが、発達の初期は「感覚運動期」であり、主に感覚と運動器官の発達を通して外界を理解し、外界に適応する時期と考えることができるでしょう。乳幼児期は、言語の獲得途上にある未熟な存在という見方もできますが、一方で、身体感覚によって対象や事象を捉える鋭敏さを有している有能な時代と考えることもできるでしょう。

モンテッソーリ・メソッドを提唱したマリア・モンテッソーリ（Maria Montessori, 1870 - 1952）は、「敏感期」の存在について述べています[4]。生き物の成長過程において「ある特定の機能」を成長させるために特別な感受性を持つ時期のことを指す「敏感期」が人間にもあり、ある物事に対して特別に強い感受性を発揮する時期が訪れるとしています。感覚の敏感期には五感（視覚・聴覚・嗅覚・味覚・触覚）の感受性が鋭敏になり、肌触りを楽しみ、運動の敏感期は、思い通りに身体を動かす時期であり、それらは乳幼児期に訪れます。そして教育とは、教師が与えるものではなく、自発的に成し遂げられる自然的過程であり、環境を体験することから学ぶものと論じています。

このように大人とは異なる鋭敏な感受性を備えている子ども時代とそれに対する大人の在り方に関して、多くの示唆を与えてくれるのは、レイチェル・カーソン（Rachel Louise Carson、1907 - 1964）の著書『センス・オブ・ワンダー[5]』です。この本は、保育を学ぶ学生の必読図書ですが、そこには、こう書かれています。「**子どもたちの世界は、いつも生き生きとして新鮮で美しく、驚きと感激にみちあふれています。**残念なことに、わたしたちの多くは大人になるまえに澄みきった洞察力や、美しいもの、畏敬すべきものへの直感力をにぶらせ、あるときはまったく失ってしまいます。もしもわたしが、すべての子どもの成長を見守る善良な妖精に話しかける力をもっているとしたら、世界中の子どもに、生涯消えることのない『**センス・オブ・ワンダー＝神秘さや不思議さに目をみはる感性**』を授けてほしいとたのむでしょう。」さらに、「**妖精の力にたよらないで、生まれつきそなわっている子どもの『センス・オブ・ワンダー』をいつも新鮮にたもちつづけるためには、わたしたちが住んでいる世界のよろこび、感激、神秘などを子どもといっしょに再発見し、感動を分かち合ってくれる大人が、すくなくともひとり、そばにいる必要があります。（p.23-24）**」とも書かれています。「すくなくともひとり」は、本書を読むみなさん自身のことなのです。

　乳幼児期の子どもと共に生活している人であれば、大人が気付かない多様な感覚を楽しむ姿や感覚を味わうことを遊びとする姿に日々出会っています。そんな子ども達に寄り添い、共に驚くことができる感性を養うこと、あるいは取り戻すことは、保育の専門性の獲得につながります。レイチェル・カーソンは、その方法をこう表現しています。「**子どもといっしょに自然を探検するということは、まわりにあるすべてのものに対するあなた自身の感受性にみがきをかけるということです。それは、しばらくつかっていなかった感覚の回路をひらくこと、つまり、あなたの目、耳、鼻、指先のつかいかたをもう一度学び直すことなのです。(p.28)**」

（2）空間と形と色のアフォーダンス

　広い野原を駆け回る子どもたちの姿を見たことがあるでしょう。誰が「走りましょう」と呼びかけているのでしょう。そんな声は聞こえないと思うかもしれません。ところが子ども達の体には、そんな声が届いているのです。

　そのことを、野原が走ることをアフォード（afford）していると考えます。ジェームズ・J・ギブソン（James Jerome Gibuson1904-1979）は、環境が人をはじめとした動物に提供する意味や価値を「アフォーダンス(affordance)」という造語で表しました[6]。アフォーダン

地面は子どもに描くことをアフォードする

スは、野原の例のように環境に埋め込まれているものですが、促される行為は行為者によって異なる、つまり大人は野原に出ても必ずしも走らないという意味で、個別的で相互依存的なものです。子ども達は大人とは異なる感受性を備えているので、保育の場におけるアフォーダンスは、保育者が想定しきれないことを前提に、読み取り、想像して環境構成に生かす必要があります。保育の場では、「廊下では走らない」という張り紙より、見通しのよい細長くまっすぐな空間にしない、つまりアフォードするものを変えることの方が有効なのです。

　野原や廊下という空間を例として挙げましたが、子どもを取り巻く環境はアフォーダンスに満ちています。例えば、細長い棒状の形は握って振り回すことを、尖った形は慎重に触れることを促します。それらは、先天的なものもあれば経験によって得られるものもあるでしょう。また、赤などの暖色は行動を活性化し、青などの寒色は沈静化するということも知っていると保育場面に生かすことができるはずです。お昼寝の部屋の設えを、睡眠をアフォードする環境を整えるという観点から考えることもできるでしょう。

　こうした物理的側面と身体的側面の関係性は、人間関係が重視される保育において必ずしも重要ではないという考え方もあるかもしれません。佐伯（2007）は、乳児期の同調行為である「共振」は、人やモノ、場面に対して生起し、それがかかわりの深まりや意図の共有につながり、共感の基盤となると論じています[7]。環境に開かれた鋭敏な身体感覚が、「共に」に向かう発達を支え、周囲の世界との関係性を豊かに広げていくのです。

共振から共感へ

（3）造形的視点による環境づくり

ミュンヘンのシュタイナー学校の階段

　シュタイナー教育の礎を築いたルドルフ・シュタイナー（Rudolf Steiner1861－1925）は、子どもを感覚器官と捉え、7歳までを、触覚・生命感覚・運動感覚・平衡感覚といった身体感覚を育てる時期であると考えました。背景となる理論は難解ですが、その実践は示唆に富んでいます。学校建築は独特で、親しみの感じられる淡い暖色は低学年、思考を促す薄い寒色は高学年というように学年に応じて壁面の色合いが異なり、デザイン全体が直角を避けています。幼児教育においては、手に触れるものは自然素材にするなど、色や形や手触りなどの造形的な要素が子ども達に及ぼす影響の大きさに配慮した教育環境を提供しています。

　また、日本国内でも、患者の自然治癒力や免疫力を高めていく病院の色環境の探究や小児科病棟の壁面装飾の効果の検討が行われています。保育室の環境についても、大人から見たかわいらしさではなく、造形的視点による意味や価値を考慮し、目の前の子ども達に応じた保育環境をデザインするという考え方が必要でしょう。

　こうした意図的な環境づくりは、大人が子どもの主体性を操っているという見方もあるかもしれません。障害のある子ども達も主体性を発揮するために個別の入念な環境設定を必要とします。特別支援教育では、そんな子ども達を、ある環境条件が整う場合のみその力を発現できる「淡い主体」[8]と捉える考え方がありますが、保育の場にも有効なのではないでしょうか。傍らにいる私達もまた揺るぎない主体の持ち主なのではなく、子どもと共にいるという環境に組み込まれ、子どもの力の発現を支える環境であることを促され、日々変化していきます。環境づくりによって子ども達の主体性は環境に拡がり、その体が環境を変え、そこに保育という共に育つ場が生まれていると考えることができるでしょう。

参考　※4：マリア・モンテッソーリ『モンテッソーリの教育・0歳～6歳まで』あすなろ書房（1981）

　　　　※5：レイチェル・カーソン（著）上遠恵子（訳）『センス・オブ・ワンダー』新潮社（1996）

　　　　※6：佐々木正人『アフォーダンス入門』講談社学術文庫（2008）

　　　　※7：佐伯　胖『共感－育ち合う保育のなかで－』ミネルヴァ書房（2007）

　　　　※8：河野哲也　『環境に拡がる心』　勁草書房　（2005）

2　音・情報に誘われる体

　誰もいない教室、昼下がりの電車の中、明け方の自宅の部屋、都市の雑踏、新緑の森の中、海岸の砂浜。私たち人間は、植物や他の生き物と同じく、環境におかれた存在です。今、あなたはこの本をどこで読んでいるでしょうか。あたりを見渡してみましょう。目に入ってきたモノ・色・文字、あなたが触れているもの、それらからあなたが読み取る情報。あなたを取り巻く全てが、環境の構成要素です。

　環境は、人間の体を通して知覚されます。今あなたのいる環境の気温や湿度から感じる心地よさは、あなたが五感を働かせ体が認識したことから得た感覚です。我々は、環境の変化を察知すると、何とか適応しようとします。体を通して環境を認識しながら、「快」と感じることを選択しています。生きることは、環境と対話していくことでもあります。

（1）音の環境作り

　音は、環境を成す重要な構成要素です。今あなたを取り巻くのは、どんな音でしょうか。
私たちは、朝起きてから眠るまで、様々な音に囲まれています。あなたが、朝起きて最初に聴いた音は、どんな音でしたか。学校へ向かって歩く時に、あなたの靴はどんな音を鳴らしていましたか。今日聴いた中で、一番きれいだと感じた音は、どんな音でしたか。寝る前最後に聴く音は、どんな音でしょうか。

　改めて意識を向けると、私達は様々な音に囲まれて生活していることが分かります。では、100 年前、我々日本人が聴いた音は、今とどのように違ったでしょうか。テレビはおろかラジオも存在せず、車もほとんど走っていない時代です。技術の進歩は、我々を取り巻く音の環境を変化させて来ました。モータリゼーションや航空産業の広がり、大音量を発生させるスピーカーが繁華街に数多く設置されたこと、携帯型オーディオプレーヤーや今日のタブレット型端末などのガジェットの普及、我々の音の環境を大きく変えたことには、功罪の両面があるでしょう。技術の発展とともに、我々の音の環境は、大きく変化してきました。

　一方で人間は、長い歴史の中で、自らが過ごす環境をより心地よく過ごせるよう意識してきました。本の手触りが心地よく感じられることのように、あなたが手にとるモノは、人間が工夫してきた結果の産物です。

　我々は、音も環境作りの要素として捉えてきました。例えばししおどしは、当初は農業などに被害を与える鳥獣を威嚇するために設けられた音のなる仕組みでしたが、次第に日本庭園を音によってデザインするものとして設置されるようになりました。このように人間は、音によって環境を作ろうとしてきたのです。あなたを取り巻く音の環境も、あなた自身で変えていくことのできる可能性を持っています。

ししおどし

（2）音を聴くことで、生まれるもの

　現象としてみれば、音は単なる空気振動にすぎません。それにも関わらず、私たちは音を聴くことによって、「きれい」「明るい」「怖い」「激しい」など、いろいろなことを感じ取ります。時に、感じ取ったこと

をことばに言い表せない場合もあります。人間は、感性を働か
せて、音から何かを感じとっているのです。

風鈴

　加えて、私たちは音から意味をも読み取っています。例えば、
風鈴の音色は、私たち日本人にとっては、「夏」「涼しさ」「そよ
かぜ」「縁側」といった意味を併せ持っています。これは、私た
ちが風鈴というモノとそこから発せられる音の文化的な意味を
知っているからです。もし、風鈴を知らない他国の人が風鈴の
音を聴いたとしても、我々日本人と同じような意味や印象を得
るとは限りません。逆に我々日本人が、イスラーム文化の地域で街中に流れるアザーンを聴いた時、それ
が礼拝に集合することを意味するとは読み取れないでしょう。音が生み出す意味は、文化的な側面を持っ
ています。

　音がもたらす意味は、聴く人の認識や感性、状況によって変化します。一例として、2010年代後半か
ら、インターネット上でASMRと呼ばれる種類の動画が世界的に流行しました。これは、モノに触れた
時に鳴る音や、食べ物の咀嚼音、囁き声など、音を高精度のマイクで収録しただけの種類の動画のことです。
ASMRには、ただ窓の外で雨が降る音と情景を映し続ける動画や、カフェ店内の騒がしく人々が話した
りBGMが流れたりしている様子を収録したものもあります。こうした音を中心とした動画が人気を集め
る背景には、人間が音自体に鋭敏な感覚を持っており、その感覚を働かせることを快と感じていることの
証左です。自身ではほとんど意識して聴くことがなく、他者の発するものはできれば聴きたくないはずの
咀嚼音が受け入れられたのは、この音がもたらす意味がネット上という文脈と状況において「快」をもた
らす音へと変化したからです。

　我々人間は、複雑な音楽構造や、興奮や感動を誘う歌詞の意味を介さずとも、音の響き自体から、聴く
人の感性に基づいた意味を読み取ることができます。

（3）音のアフォーダンス・モノのアフォーダンス

　このように、音やモノなどの環境が我々に与える意味や行為
の可能性を、認知心理学者のギブソンはアフォーダンスと呼び
ました。例えば、コーヒーカップの取っ手は握られることを、
ストローは飲み物を吸うことをアフォードしています。

アイスコーヒーとストロー

　けれども、そうした文化的学習を経ずとも、我々は音やモノ
から様々なアフォーダンスを読み取ることができます。例えば、
楽器はその製作意図から「音を鳴らす」というアフォーダンス
を潜在的に有していますが、まだ「楽器」という存
在を知らない子どもにとっては、他の様々なモノと
の間に明確な違いがありません。実際、保育現場で
は、子どもが、楽器かどうかに関わらずモノからど
んな音が出せるか試すシーンによく出会います。既
存の「楽器」に対しても、正式な鳴らし方ではない
やり方で、音を出したりしています。子どもは大人
よりも、音の出せるモノのアフォーダンスを探求す
る存在であり、その意味において大人よりクリエイ
ティブな存在かもしれません。

小物の楽器

　音・モノが有するアフォーダンスは、その人の感性や好奇心によって異なる立ち現れ方をします。水たまりは、大人にとっては踏まないように超えるべき存在かもしれませんが、子どもにとっては音が鳴り水面が変化する遊び場となります。何でもない1枚の紙から、お皿や楽器、どのような可能性が開かれているでしょうか。音・モノのアフォーダンスを多様に感知できることは、複雑化するこれからの世界を生きる上で大切な力の1つだと思われます。

（4）体を通して環境とかかわる

　音やモノなどから成る環境は、体を通して認識され、具体的な行為を通して経験されます。

　目に見えない音も、実は体を通して聴いています。音楽室のグランドピアノの下に潜ると、普段とは違う音色に出会うことができます。大太鼓を実際に叩くと、太鼓の膜の共振を視覚・触覚・聴覚を通して感じることができます。響きは、体で感じることができるのです。

　人間は、効率化を求める中で、生きていく上で本来必要な「感じること」の重要性に目を向けてこなかったのかもしれません。環境が持つ様々な可能性に気づき、自らの感性で感じ取ることのできる体をつくることは、これからを生きる子どもだけでなく、子どもを育む保育者にも求められているのです。

> 参考　　※9：志村洋子・甲斐正夫「保育室内の音環境を考える（1）」埼玉大学教育学部紀要，
> 　　　　　　47(1), pp.69-77.(1998)

Ⅱ 体験編

●発展ワーク●

1 散歩を楽しむ

「散歩」は到達点に向かうための歩行とは違ってプロセスを楽しむものです。心の解放や会話も楽しみの一つですが、ここでは、感受性を豊かにもち環境を深く味わう機会としましょう。
　散歩にはビンゴカードを持って出かけましょう。テキストからダウンロードしてもよいですし、これを参考に作ってみるのもよいでしょう。グループ内で分担し、できた欄をチェックして、たくさんのビンゴを完成させてください。その後のワークは授業後に取り組み体験を深めるものです。それぞれの領域の学びを深める「発展ワーク」は次の授業や保育に活用できる活動です。

🌱 体験 1散歩でビンゴ

準 備：3～5人のグループに分かれる。筆記用具・ボード（ダンボールにピンチ）を用意し、2種類のビンゴカードとメモを持参する。

ルール：保育場面での散歩場所を想定し、一定時間、グループ単位で散歩をする。課題はグループで共有し、仲間と協力し、ビンゴカードに当てはまったら○をつける。

環境 大発見 ビンゴ

　環境から発見することで環境と会話をすることができます。目だけではなく五感をフルに使って発見します。においをかぐ、音を聞く、手触りなどの感覚を研ぎ澄ますことが大切です。味わうことも大切ですが、自然界には口にすることが好ましくない物もあるので注意が必要です。

太陽がある位置を確かめた	丸い葉を見つけた	クモの巣を見つけた	つるつるの木の幹をなでた	風に揺れる葉を見つけた
植物の実か、種を見つけた	ツルのある植物を見つけた	水たまりの水に、風で波が立った	鳥の鳴き声を聴いた	たくさん毛がある葉を見つけた
細長い葉を見つけた	植物で遊んだ	環境 大発見 BINGO	お気に入りの石を見つけた	大きさの違うアリを見つけた
変な生きものを見つけた	草花のいいにおいをかいだ	縁がギザギザの葉を見つけた	穴のあいた葉を見つけた	平らな石を見つけた
1mmくらいの小さな花を見つけた	日なたと日陰の土を比べた	木の幹に耳を当てて音を聴いた	赤い色の葉を見つけた	虫を3種類見つけた

表現 エンジョイ ビンゴ

　表現を楽しむのにリラックスできるお散歩はとてもよい機会となります。私達には自分を表現する様々な手立てがあります。そのことを忘れがちな心と体に最適なエクササイズになるでしょう。

太陽の光を感じて音かモノかポーズで表現する	自分と友達の足音の違いを聴く	好きな花を見つけ名前をつける	重ねて透かしてみるときれいなものを見つける	気持ちのいい場所を探してグループ写真を撮る
今の情景に合う歌を口ずさむ	近づいて次第に遠ざかり消える音を探す	風の音や空気の動く音を聴く	でこぼこを見つけて紙の上にこすりとる	影の形を紙の上に写す
なるべくいろいろな足音を出してみる	一度も見たことがないけど聴こえてくる音を探す	表現エンジョイBINGO	なるべくたくさんの色がある葉を探す	感じた風から色をイメージして伝え合う
風景に付け加えたい音をイメージして伝える	かわいい音が出せるモノを探す	優しい音がするものを探す	見つけたものを手の形で表して伝える	同じ色で形が違う葉っぱを探す
一番遠くから聞こえる音を探す	花や植物に耳を近づけて歌っている歌をイメージする	お気に入りの木の形をポーズで表現する	グラデーションを感じる	同じ形で色が違う葉っぱを探す

● 1：文章を完成させ、自由に表そう

心に残ったものやイメージを
色・形で自由に表そう

気付く・わかる

●今日の天気は_____

●不思議に感じたことは_____

●わかったことは_____

●調べてみたいと思ったのは_____

●今日一番の発見は_____

感じる・表す

●私にとってお散歩は_____

●今日のお散歩を色で表すと_____

●感受した音で印象に残ったのは_____

●絵に描いたらすてきだと思ったのは_____

●最も心が動いたのは_____

●発展ワーク●

2：イメージの広がりを確かめよう

　みなさんの五感がお散歩で磨かれたことを実感するために事前に記入したものと比較するのもよいでしょう。拡散的な発想は創造性にも深くかかわっています。

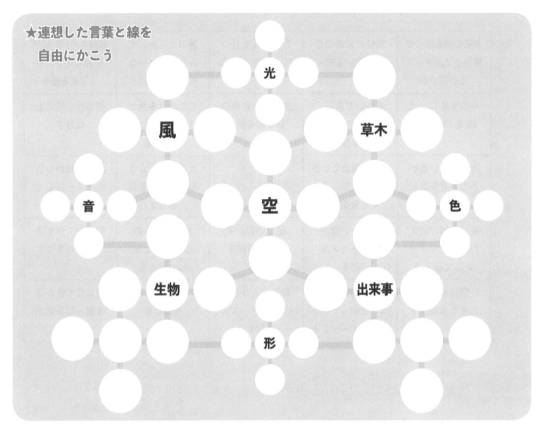

★連想した言葉と線を
自由にかこう

光　風　草木　音　空　色　生物　出来事　形

3：左右の空欄に記入して、違いについて考えよう

　左右の違いについて考え、どちらの体験も深まる幼児用のビンゴカードをつくってみよう。

考えたこと・わかったこと：領域「環境」		感じたこと・イメージしたこと：領域「表現」
	空	
	光	
	風	
	音	
	色・形	
	触感	
	草・木	
	生き物	

DOWNLOAD 04

発展ワーク

● 1：定点観察「わたしのお気に入り」　お散歩で定点観察するポイントを探す

仮説を立ててみよう　観察する主な対象 _____

1回目　　　月　　　日	2回目　　　月　　　日	3回目　　　月　　　日
現状：	予想：	予想：

記録しよう　写真撮影し、プリントして貼る

1回目　　　月　　　日	2回目　　　月　　　日	3回目　　　月　　　日
注目ポイント：	注目ポイント：	注目ポイント：

発表しよう　変化がわかりやすい形式を考え ICT を活用して発表する

記録しよう　発表後、いくつかのグループについての感想を書き改善点を考える

発表者	自分のグループ		
感想			

27

DOWNLOAD 05

●発展ワーク●

● 2：「自然素材で表そう」　　お散歩で素材やテーマを見つける

素材を集める　×生きているもの×置かれているもの〇環境に影響がないもの〇廃棄されるもの

気に入ったもの・好きなもの	色や形や触感がステキなもの	珍しいもの・おもしろいもの	イメージがひろがったもの

素材と関わって表す　残らない表現は写真に撮って残そう！下の例から選んで取り組んでみよう

素材	行為を楽しむ	素材を味わう	イメージを楽しむ	活用して作る、表す例
葉っぱ	並べる つなぐ	においを嗅ぐ 色や形で分ける	形を見立てて台紙に貼り加筆する	目玉シールを貼ってキャラクターを作る
木の実	並べる　磨く　削る	割ってみる ボンドでつける	形を見立てて台紙に貼り加筆する	穴をあけてコマやペンダントにする 目を付け服を着せる
石	並べる　音を出す 水に入れる	形を見立てる　仲間分けをする	見立てたイメージで着色、加筆する	宝物になるよう入れ物を作る　おうちを作る
枝	並べる　つなぐ 立てる　重ねる　組む	折ってみる　こする 洗ってみる　皮をはぐ	形を見立てて構成する 魔法使いの棒にする	やすりで削って着色する　ひもで下げて飾る
花びら（花）	集める　並べる　飾る 透かして見る	水に浮かべる　ぬらして手に貼り付ける	台紙に貼りイメージを描き加える	色水を作る　紙にはさんで押し花にする

● 3：「音環境を見つめる」　　お散歩での音との出会いを振り返る

お散歩で聴いた音を思い出して書き出す

自分が出した音	他の人が出した音	生き物や植物が出した音	機械や乗り物が出した音	その他に聴こえてきた音
例．足音				

お散歩で聴いた音から探してみよう

音と距離	音の持続性	音の大きさ	きれいな音・嫌だった音
一番近くで聴こえた音： 一番遠くで聴こえた音：	ずっと続く音： すぐに消えた音：	大きい音： 小さい音：	きれいな音： 嫌だった音：

学校で一番静かな場所を探す　学校で一番静かな場所を探しに、もう一度散歩に出かけよう。その場所に立ち止まって音を聴こう。

2 環境を探る

環境はいつもそこにあるものですが、意識をしないとあることすら気付かないことがあります。いつもは通り過ぎてしまう日常の中に、濃い時間や深い体験が潜んでいます。子ども達は環境を貪欲に探り、新しい出会いを重ねています。私達も、いつもと違う構えで環境を探り、子ども達が感じるように感じ、日常の豊かさに立ち止まってみましょう。

🌱 体験 2音環境を「聴く」

準 備：ポケットに入るサイズのノート、筆記用具、歩きやすい服装
手 順：教室や校内で「聴く」アクティビティを体験してから、リスニング・ウォークへ出かける。帰ってきたら、聴いた音を振り返り、音環境について考える。

音環境を意識することは、普段あまりないかもしれません。ですが、私達は生まれた瞬間から音に囲まれて生きています。そして音環境は、私たちの手で作っていけるものでもあります。「聴く」ことを通して音環境を探ってみましょう。

探す　教室や校内でできるアクティビティ

・教室に集まり、じっと座って、自分を取り巻く音を聴いてみましょう。
・誰かに教室を歩き回ってもらう。他の人は目を閉じて、足音を頼りに歩く人を指で追ってみましょう。目を開けたとき、指先にその人がいるでしょうか。
・階段で歩く音を聴いてみましょう。上りと下りでの音の違いや、靴の種類による音の違いはあるでしょうか。

探す　リスニング・ウォーク

音を聴きながら、校舎の外や公園など、様々な場所を自由に散歩してみましょう。
ルール：おしゃべりはしない。周りの人とは間隔を空ける。

1：振り返ろう・共有しよう

教室に戻ったら、次の内容を頼りに、聴いた音を振り返ってみましょう。紙に書き出して、他の人と共有してみましょう。

> **大きい音、小さい音、一番高い音、横を通り過ぎていった音、一緒についてきた音、頭の上から聴こえてきた音、一番嫌だった音、何かが「開く」ときの音、一番きれいだった音、サウンドスケープ（音風景）から取ってしまいたい音、サウンドスケープをもっときれいにするために付け加えた方が良い音**

出典：R. マリー・シェーファー、今田匡彦（1996）『音さがしの本　リトル・サウンド・エデュケーション』春秋社 , pp.20-22.

発展ワーク

DOWNLOAD 06

●発展ワーク●

探す　サウンド・ウォーク

今度は、自分がリーダーとなり、歩くルートを決めて環境音を聴きながら歩いてみましょう。その際に、リーダーの意図を理解する必要はありません。

● 2：音日記を作成しよう

音日記を作成することで、自分を取り巻く音環境をより深く見つめることができます。何か珍しい音を聴いたら、日記に書いてみましょう。また、その日最初に聴いた音などを記録してみましょう。

月　　　日	月　　　日	月　　　日
珍しい音…	珍しい音…	珍しい音…
朝外に出て、一番最初に聴いた音…	朝外に出て、一番最初に聴いた音…	朝外に出て、一番最初に聴いた音…
ゆうべ寝る前に、最後に聴いた音…	ゆうべ寝る前に、最後に聴いた音…	ゆうべ寝る前に、最後に聴いた音…
今日聞いた中で一番大きかった音…	今日聞いた中で一番大きかった音…	今日聞いた中で一番大きかった音…
今日聞いた中で一番きれいだった音…	今日聞いた中で一番きれいだった音…	今日聞いた中で一番きれいだった音…

● 3：音日記を色と形で表そう

音日記を色と形で表してみましょう。1つの音を選び、なるべく色数の多い折り紙のセットから1枚手に取り、音の感じから形をイメージして、手でちぎる、はさみで切るなどして台紙に貼りましょう。

月　　日（　　　音）	月　　日（　　　音）	月　　日（　　　音）

❦ 体験 3 環境マップ作り

準　備：探索する場所の地図（プリントまたは略図）プリントをはさむ
　　　　ボード、フセン、カメラ、筆記用具、歩きやすい服装

手　順：表すテーマを決めてから、環境を探索する。
　　　　テーマとしては、以下のようなものが考えられる。
　　　　①生命：植物や昆虫などを探すと「環境」と「表現」領域両方の内容に関わる気付
　　　　　きが促される。
　　　　②建物と標識：「環境」領域の内容には、施設や標識などに関心をもつことも含ま
　　　　　れている。
　　　　③リスクとハザード：「健康」領域の内容でもあるが、安全な散歩や体験は保育者
　　　　　のアンテナ次第。
　　　　④ふしぎな色とおもしろい形　⑤顔発見　⑥気になるモノ　⑦好き・嫌い
　　＊マップは、探索後に模造紙を使って協同で作成、またはパソコン上で作図する。
　　　　記録方法はスケッチ、写真、フセンメモなどがある。どの地点の記録かを、プリ
　　　　ントしたマップ上に番号等で書き込んでいくとよい。3〜6人のグループで行う。
　　＊動植物マップを作る際も、図鑑で正確な名称や分類を調べる必要はない。自分な
　　　　りの気付きや自己表現を目的としたマップ作りもよい体験になる。

● 1：「センス・オブ・ワンダーマップ」を作ろう

　幼児期の子ども達は言葉以外のコミュニケーションを豊
かに用いて、自分の思いを伝えます。大人も、子ども達に
伝わりやすい表現の手立てを豊かに持ち、それらを楽しみ
ながら用いることが、子どもの「表現」の深い理解につながります。環境に
潜んでいる要素を多面的に感じ取り、それを様々な表現方法で伝え合う体験としましょう。

● 発展ワーク ●

☺コラム💧 上高地センス・オブ・ワンダーマップ

　レイチェルカーソン（p.17 参照）は、「わたしは、子どもにとっても、どのようにして子
どもを教育すべきか頭をなやませている親にとっても、「知る」ことは「感じる」ことの半分も重
要ではないと固く信じています。子どもたちがであう事実のひとつひとつが、やがて知識や知恵
を生みだす種子だとしたら、さまざまな情緒やゆたかな感受性は、この種子をはぐくむ肥沃な土
壌です。幼い子ども時代は、この土壌を耕すときです。」と述べています。上の写真のマップは、
学生が合宿で行った「上高地」を感じるままに表現したものです。見つけた変わった松ぼっ
くりを「リスの落とし物」と命名し、川に素足で入った冷たさやイメージした映画のシー
ンなど、感じたままを表現しているので、同じ場所でも多様なマップが誕生します。

3 自然と向き合う

> 　自然との関わりは、感性に働きかけ、心の安定、知的な気付き、感動や共感など、様々な恵みをもたらしてくれます。保育者が、遊びとしての関わり方や楽しみ方をどれだけ身に付けているかは、保育の質に直結するといってもよいでしょう。ここでは、子ども達の誰もが楽しむことのできる関わり方や遊び方を紹介します。自然と対話する体験から生まれる素朴な表現が、豊かな学びの源であることを感じ取り、それを あたたかく受け止めることができる保育の専門性を培いましょう。

🌱 体験 4 体の音を感じよう

耳を手で塞いだ絵

準備：音を集中して聴ける静謐な環境を確保する。音を聴
　　　くことに集中するという意識を共有する。

●体の音を感じる

　音は「形がない」けれど、ちょっとした工夫で、私たちは音の存在を感じることができる。

　耳に手をあてて塞いでみよう。外の音が遮断され、違う音環境がそこに生まれる。続いて、耳の穴を耳たぶで閉じてみよう。息を吸う音や、自分の体内に流れる様々な音が聴こえるだろうか。中には、心臓が動く音が聴こえる人もいるかもしれない。少しお行儀は悪いけど、片手で耳を塞ぎながら、何か飲み物を飲んだり、食べ物を噛んだりしてみよう。

　あなたの体の音は、あなたしか聴くことのできない、あなただけの音世界だ。

● 1：音を感じる

感じる　振動の音

　ピアノは、内部の弦を動くハンマーで打つことによって、弦を振動させることで音が鳴る仕組みになっている。

　ペダルだけ踏んで、そのまま足を上げずに踏み続けてみよう。その状態で、弦の振動だけで、ピアノの内部でどんな響きが生まれているか、蓋を開けて聴いてみよう（グランドピアノの場合は、中に顔を入れると危険なので、耳を近づけてみるだけにしよう）。

　ピアノの管理者 (学校では先生) の許可がもらえたら、ピアノの弦の上に、弦を傷つけないようにそっとモノを置いてみよう。ペンや物差しを置いたり、消しゴムを弦の間に挟んでみよう。ピアノの弦の振動の仕方が変化することによって、聴いたことのないピアノの響きに出会うことができる。

感じる　モノの変化

　いくつかの材質の紙を用意して、耳元に近づけ、ゆっくりと破ってみよう。紙を破るという行為によって生じるのは、紙を成す微細な繊維の引き剥がしである。紙を破るだけで、音の聴こえは魅力を帯びる。紙の種類によって音の違いがあるか、聴き比べてみよう。

　破る他に、紙からどんな音が出るか、探してみよう。丸めたり、折ったり、材質によって音の聴こえが変わる。

探す　音の存在を探す

　私たちが聴くことができていないだけで、この世界には様々な音があるかもしれない。どんな音があるか、想像してみよう。

　あなたが普段暮らす空間も、漆黒の深夜、夜明け前、誰もいない休日の昼下がり、どんな音が在るだろう。花が開く音は聴こえるだろうか。誰かが微笑んだ音は、地底でマグマが流れる音は、夜に光る星から地球へ放たれた音は、聴こえるだろうか？

● 2：音をつくる

準備：3名以上のグループをつくる。

感じる　手から出せる音

　まず、みんなで手を叩いてみよう。次に、みんなで静かな音、大きな音で揃えて叩いてみよう。

　手からは、様々な音を出すことができるのに、私たちはそれに普段あまり気づいていない。手から出せる音は、どれくらいたくさんあるか、探してみよう。手の甲をさすったり、両手の関節をぶつけてカチカチ音を出してみたり、両手の爪を合わせて音を出してみたり、いろいろな音が見つかるはずだ。見つけた音を、共有してみよう。

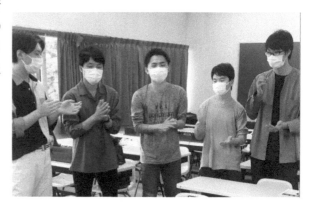

探す　身体から出せる音

　手からこんなにたくさんの音が出るのだから、身体全体を使うともっとたくさんの音が出るに違いない。手を離れ、肘まで、肩まで、あるいは上半身、全身を使って、どんな音を出すことができるか、探してみよう。

　同じ音の出し方でも、着ている服の材質によって、違う音が出るかもしれない。見つけた音を、みんなで共有してみよう。

気付く　歩く音のバリエーション

　部屋から出て歩いてみよう。みんなが履いている靴の違いによって、生まれる音はとても多様だ。あるいは、歩く速さを変化させたり、音の大きさを変化させたりしてみよう。私たちは、歩くだけでこの世界に音を生み出している。

表す　まねっこ

　手や身体から出せる音で、輪になってまねっこのゲームをしてみよう。

　各自、見つけた音で4拍の間でリズムのパターンを作る。全員つくれたら、誰かが最初になって、輪の順に始めよう。（最初の人）タンタンタン（休み）、（他のみんな）タンタンタン（休み）、（次の人）タンタカタン（休み）、（他のみんな）タンタカタン（休み）、といったように、誰か一人のパターンを聴いて、それを他のみんなでまねしてみよう。

「タンタンタン（休み）」　「タンタンタン（休み）」　「ターンタタン（休み）」　「ターンタタン（休み）」

参考　※10：寺内大輔「音楽の話をしよう」ふくろう出版（2011）

🌱 体験 5 風と遊ぶ -ビニール袋を使って-

準 備：大きなビニール袋・OPP テープ
手 順：45 リットル以上のサイズのビニール袋の底を切る。同じサイズのビニール袋の口
　　　と空気がもれないようにつなぐ。できれば 5 枚以上つなぐ。
　　　テープとひもを持って戸外に出る。風をつかまえて遊ぶ。風がたくさん入ったら、
　　　縛ってひもを結び、大きな袋を使った遊びを考えてみよう。

ビニールをつなぐ体験にも、学びがあります。まず、柔らかなビニールを切るには、ハサミをうまく使うことができる技能が必要です。5 歳児クラスでも難しい場合があるでしょう。また、ハサミの選び方にも注意が必要です。粘着テープを切ったハサミや固いものを切るのに使っているハサミでは、うまく切れない場合があります。ハサミの管理や使い分けも意識しましょう。また、つなぐ際には協力が欠かせません。テープの貼り方についても、一気に貼ることもできますが、短いテープで固定しながら慎重に行うこともできるでしょう。子ども達も大きな材料を扱うときには人との関わりが生まれ、総合的な学びにつながる体験となります。

材料は、黒いビニール袋だと暖まりやすく、膨らみも維持しやすいと考えられます。カラービニールであれば、色の組み合わせや光を通すことによる変化も楽しめます。ビニール袋以外の大きな紙や新聞紙をつないで戸外に持ち出しても、風を視覚的に感じたり、音を楽しむことができます。

風の表情を視覚化する素材として、ナイロンテープを使うと動きを楽しむことができます。保育場面では、お散歩に大きなビニール袋や紙テープを持参する、大きなシートを敷く前に四隅を持って上下させて遊ぶなど、保育者が「風を感じる」というねらいをもつことで工夫が生まれ、子ども達の体験が豊かになります。また、園生活の中で、風を感じることを意識すると 5 月の鯉のぼりづくりも、素材や活動内容、飾り方の工夫が生まれるでしょう。

風の力を楽しむ（アトリエたんぽぽ）

ビニールの鯉のぼり（磯辺白百合幼稚園）

35

発展ワーク

● 1：風を聴く

準備：歩きやすい服装

手順：体と心をリラックスさせる。部屋の中や外へ出て、風のあるところを探して歩き、風
　　　の音を聴く

- ●部屋の中で、ドアの開閉を変化させたり、耳を床に近づけたりすると、そこに風があるか
　もしれない。
- ●外へ出ると風が、木々や葉を揺らして音を出しているかもしれない。様々な場所を歩いて、
　風の音を聴いてみよう。
- ●あなたが出会う風は、どうやって生まれたのだろうか。どこからやってきたのだろうか。
　想像しながら風の音に耳を傾けよう。
- ●風はいつも私たちを取り巻いている。誰かが歩くだけで風は生まれる。朝と夜とでは、あ
　なたに吹く風は同じだろうか。日常の中で、風を聴いてみよう。

振り返ろう・共有しよう

- ●歩き終わったら、想像してみよう。出会った風は、どんな印象をあなたに与えたか、出会っ
　た風はどんな感情を持っているだろうか。

風の日記

天候や時間帯によって風の様子の変化がある屋外の場所で、風の変化を日記につけよう。

1回目　　月　　日	2回目　　月　　日	3回目　　月　　日
場　所：		
風の感じ：		
風の音の聴こえ：		

● 2：「風を 感じる・楽しむ」

風の強い日、子ども達はどこか楽しそうです。子どもにとって、目に見えない風の力で日常が変わることは、心が動く出来事なのでしょう。風や空気や息の不思議に気付いた子ども達の体験を深める遊びや活動に取り組んでみましょう。

幼児が考案した風向計（6歳児）

> 強い風の日に

感じる スーパーのビニール手さげ袋をなるべく高く上げてみよう

凧揚げはお正月の風物詩でもありますが、近年は揚げられる場所も限られ、保育の中ではほとんど見られない遊びになりました。風を受けて空高く揚げることは難しくても、風をはらむ様子や手に伝わる感触は、身近な素材で楽しむことができます。

探す 風のいたずら発見隊

強い風が吹いた日には、園庭や公園に、思いがけないものを発見することができます。木の葉がくるくる舞い落ちる様子やいつもは見かけない木の実や枝などに気付いたら、「どうしてくるくるするのかな？」「ど

芯材で作った探検用双眼鏡（5歳児）

こから落ちてきたのかな？」等、いろいろな問を発することができます。子ども達は、芯材で作った双眼鏡を持って出かけると、いつもと違った見方ができるので、新たな発見がたくさんあるかもしれません。気に入った枝を1本持ち帰れば、枝のアートも楽しめます。

> 弱い風の日に

表す 傘袋を使って遊ぼう

傘袋はスーパーの入口で見かけますが、ホームセンターで購入することができます。袋の口が広がる輪を付け、投げて風をつかまえます。
①厚紙を輪にする（線を引いておく）。
②輪を袋の口に入れ、ホチキスでとめる。
③輪を持って投げる。よりきれいに見えるように模様やテープをつけたりつないだりしてみよう。

感じる 袋パラシュートで遊ぼう

①袋の底の片方の角を2回折り、透かすと見える線の中で一番角に近い線の内側を切る。
②折った袋をテープで固定し線を描き、糸を袋の短辺×2の長さで切っておくと5歳児も作れる。
③切ってできた角に糸の両端をつけて裏返し、もう1本を同様に付け、2本のひもの中央にキャップ等のおもりをつける。

飛んだら楽しい物を想像して油性ペンで描く

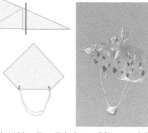
おもりはいろいろなもので試してみよう

体験 6 光と遊ぶ

準 備：A4 程度のコピー用紙 1 枚 、ダンボールまたは厚紙、鏡またはアルミ箔
手 順：コピー用紙の周囲に、段ボールや厚紙などで枠を作る。枠がなくても遊べるが、枠があった方が持ちやすい。鏡がない場合は、アルミ箔を平らなものに巻いて鏡のようにする。

　天気の良い日に外に出ます。 遊び道具が何もなくても、影ふみ遊びならできます。また木の枝や葉などの形の影をカメラのように映し出したり、いろいろな形の影を工夫してつくったりして遊ぶこともできます。光がなければ影はできませんから、光と遊ぶ、ということは影と遊ぶということでもあります。光や影と楽しく遊びながら、光の性質に触れていきましょう。

気付く 影ふみ遊び

　影を踏んだら勝ちです。自分の影が踏まれないように相手の影を踏むには、どのようにすればよいでしょうか。遊んでいるうちに、相手を太陽がある方に置くと有利になることがわかります。朝や夕方は影が踏みやすく、お昼ごろは 踏みにくいことに気付くかもしれません。疲れたら、日陰に隠れます。影がなくなって影をふめなくなりますから一休みできます。勝ち負けだけでなく、影と太陽との関係に興味を持つようにしたいものです。しばらく遊んでいると、木や柱の影の位置が変わっていることや、影の長さの変化に気付くのではないでしょうか。

工夫する 光のビーム光線

　準備した鏡（またはアルミ箔の鏡）で光線遊びをします。好きなところに光を当ててみましょう。どこまで届くでしょうか。また光線が出ないのはどういう時でしょうか。光のビーム光線は見えませんが、それを意識しながら遊ぶ、きっと思った通りに的に当てることができるようになるでしょう。

　光のビーム光線の遊びは、光線を人に当てないようにしましょう。 目に当たると目を傷めてしまいます。

探 す 影カメラ

　枠を付けて持ちやすくしたコピー用紙を使います。コピー用紙を影にかざし、カメラのモニター画面のようにすると、紙にシルエット画像が映ります。面白い形の枝や物の影、虫のシルエットなど、お気に入りのシルエットを楽しみましょう。良い作品ができたら、本物のカメラに保存しておくとよいですね。

工夫する 影絵

　影カメラに、指できつねの形を作って映してみましょう。きつねの他にはどのような影を作ることができますか。影カメラではなく、地面に映すこともできます。両手を頭の上に置き、肘を横に広げてみましょう。大きな目が地面に映りませんか。友だちと協力して、何かの形を地面に映してみると楽しいかもしれません。

● 1：虹をつくろう

探す いろいろな方法で虹をつくる

大空に架かる虹だけでなく、身の回りには虹がたくさんある。虹を探したり、つくったりしよう。

素材を集める

CD、シャボン玉のセット、食用油、散水用のシャワーまたは霧吹き

道具を用意する ここにある4つ以外にも身近な虹を見つけてみよう。

素材	方 法	実 験
CD	CDの銀色の面を斜めから見る	太陽光以外の光で虹ができるかどうか調べる
シャボン玉	シャボン玉をふくらませながら、シャボン玉の色をよく観察する	シャボン玉の大きさによって色がどのように変わるか調べる
油	容器に入れた水に油を1～2滴たらして油の薄い膜を作り、浮かんだ油を斜めから見る	油の量が変わると虹の出方が変わるかどうか調べる
散水シャワー	晴れた日に、太陽を背にして、上の方向に雨のように水をまき、水が飛び散るあたりを見る	ジョウロや霧吹きなどでも挑戦する

● 2：プラネタリウムをつくろう

工夫する 光のアートを楽しむ

材料・道具を用意する

懐中電灯（明るい懐中電灯を使った方がきれい）、紙コップ、アルミ箔、輪ゴム、カッター、穴あけ用の画鋲（つまみやすいダルマピンが便利）

プラネタリウムをつくる

①紙コップの底にカッターで切り込みを入れる。大きさは、懐中電灯の直径より1cmくらい大きめにする。

②切り込みに懐中電灯が差し込めるかどうか、確かめる。

③アルミ箔で紙コップにふたをし、輪ゴムで止める。

④画鋲でアルミ箔のふたに小さな穴をあける。自分の好きな星空になるように、穴の数や位置を工夫する。

⑤穴に懐中電を差し込み、スイッチを入れるとプラネタリウムのできあがり。

●発展ワーク●

DOWNLOAD 08

遊び方を工夫する

こうなったらいいな	遊び方の工夫	感 想
星に色をつけたい	コップの内側にカラーセロハンを入れる	

コラム　星空を届けよう

　満天の星を仰ぎたいと思っても、街中ではそれも難しいでしょう。こんな贈り物はいかがですか。

①黒の画用紙を封筒が作れる形にする。
②カッターマットの上で真ん中部分に星空を
　イメージして細かな穴をあける。
③封筒の形にして封をして「開封したら中を
　のぞいてみてください」と言って渡す。
④明るい方に向けるよう伝える。

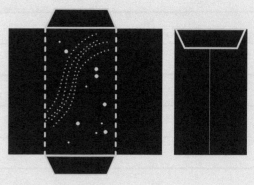

🌱 体験 7 水と遊ぶ

準 備：水、いろいろな容器、いろいろな用具、いろいろな素材（写真を参考に）
手 順：身近なものを用意して、水と関わり、グループで「水との遊び」を考え、記録する。

　夏が近づくと、毎日のように水遊びをする園は少なくありません。水遊びをどのような体験として位置づけるかは、保育者次第です。水の感触を楽しみ、体を動かす解放感や友達と関わる楽しさを味わうことも大切ですが、水そのものの性質や不思議さに触れる機会にすることもできます。
　写真を参考に、水の性質をいかした様々な遊び方を考えてみましょう。

何を？どのように？どんな時？どこで？

① 水で変化させる遊び	
② 水の姿を変化させる遊び	
③ 水に浮かべる遊び	
④ 水で動かす遊び	
⑤ その他	

水＋砂＋土

水＋紙類

水は透明のはずなのに…

浮く・沈む

水＋しくみ

● 1：水と音で遊ぶ

準備：大きめの桶などに水を張る。夏のプール遊びの時などは最適。様々なサイズの風呂桶など、水分が浸透したり溶けたりしない素材で、水に浮くモノを用意する。

手順：コップや風呂桶を使って、様々な水の音を出してみよう。片方の人が水の音で呼びかけ、もう片方の人が返事をするようにして、誰かと水の音で会話してみよう。

表す 水の音を使った音楽づくり

次の「音楽を特徴付けている要素」や「音楽の仕組み」を手がかりに、音楽をつくってみよう。

> ●音楽を特徴付けている要素
>   **音色、リズム、速度、旋律、強弱、拍の流れ、フレーズ、音の重なり**
> ●音楽の仕組み
>   **反復、問いかけとこたえ、変化、音楽の縦と横の関係**

※上の項目は、小学校音楽科学習指導要領に記載されている「音楽を形づくっている要素」の一部です。

気付く グラスハープづくり

準備：ワイングラスのような足つきのグラスを複数用意する。割れていないか注意する。後で触れて音を出すので、あまり縁が薄すぎないものの方が良い。

手順：それぞれのグラスに、異なる量の水を入れる。グラスの縁を優しく指でなぞり、音を出して楽しむ。

　グラスハープは、ワイングラスを、面と指との摩擦によって音が鳴る原理を利用するものです。

　グラスハープを試す中で、子どもは、次のような科学的な発見をするかもしれません。

・指とグラスの縁を水で十分に濡らすと、音が鳴りやすい。

・水の量が多いほど音高は低くなる。

・同じ水の量の場合、グラスが小さい方が音高は高くなる。

・グラスの容量が大きいほど、水の量による音の高低の変化は少なくなる。

グラスハープ

● 2：水滴と遊ぶ

準備：水、スポイト（またはお弁当用調味料入れ）、クリアファイル（表面が水をはじきやすいもの）、水彩絵の具（またはプリンターインク＋水）、ペーパータオル、透明カップ、障子紙（ロールまたは カットしたもの）

水滴ができる のはどんなところ？

手順：

①雨上がりに水滴を探すなどした後、クリアファイル上で水滴をつくり、動きを味わう。

②水滴を増やす、大きくするなど変化を楽しむ。

③絵の具等で色水をつくり、水滴で模様作りを楽しみ、最後に障子紙をのせて染める。（右写真）

④繰り返し遊ぶ際は表面をペーパータオル等で拭く

ヒント：

・障子紙を形に切って おくとデザインを楽しめる。

・ミラーシートにすると水滴の反射が楽しめる。防災用のアルミシートでも。机に水張りしておくと、よりきれいに反射する。

● 3：氷と遊ぶ

準 備：水 、容器（カップや卵パック等）、絵の具（プリンターインク＋水）、画用紙（模造紙）、切ったストロー（またはアイスの棒等を凍らせる前に刺しておいてもよい）

手 順：

①色水作りを楽しむ。 最後に容器に入れる。

②冷凍庫に入れる。真冬であれば野外に置いてみる。

③色氷ができたら手で触れ、画用紙の上に置いて溶ける様子を見る、動かして色付け等を楽しむ。 普通の氷と粉絵の具等（下右端写真）でも感触と混色を楽しむことができる。

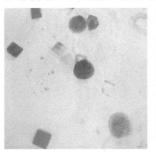
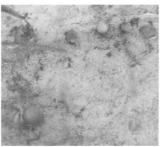

体験 8 砂と遊ぶ

準 備：砂、ボード（プラダンボール、カラー合板、粘土板やお盆等）、砂ふるい、水、い
ろいろな用具や素材（写真を参考に、砂場用具や自然物など遊び場面を想定して）

手 順：砂と関わり、グループで「砂との遊び」を考え、映像で記録をして発表する。

　砂は、幼児期の子ども達にとって、最も親しみのある素材の1つです。特に「砂場」は、園庭に欠かせない人気の遊び場です。『人生に必要な知恵はすべて幼稚園の砂場で学んだ』という本にもあるとおり、そこでの体験はとても豊かです。ここでは、「感性を育む」という視点からその可能性を探究し、写真を参考に、砂遊びのいろいろを考えてみましょう。

どんな遊び？何を楽しむのかな？　　　　　　　　　　　砂による様々な表現や遊びの例（幼児）

① 砂を楽しむ遊び	
② 形を変化させる遊び	
③ 見立てる遊び	
④ その他	

参考 ※11：ロバート・フルガム『人生に必要な知恵は全て砂場で学んだ』河出書房（2016）

● 1：砂の音に出会う

準備：砂のある場所や空間を見つける。ない場合は、箱の中に砂を入れて用意する。砂の中
　　　に危険なものがないか、周囲の状況から安全を確かめる。安全と言い切れない場合は、
　　　軍手を用意するなど配慮する（ただし、砂の感触は味わってみたい）。

手順：砂を手にとり、どんな音がするか聴いてみよう。耳を近づけると、音が変わる。どん
　　　な音が出るか探してみよう。

表す 砂で手づくり楽器をつくる

シェイカー

準備：ペットボトルなどの筒型で砂を入れられて手で持てるものを
　　　用意する。

手順：身近な環境からよい音が鳴りそうな砂をみつけ、集めてくる。筒の
　　　中に砂を入れ、蓋をする。どのようにすれば振っても砂がこぼれな
　　　いか、考える。（振っても砂がこぼれないように工夫する。）
　　　散歩や遠足先などで、砂を集めて持ち帰るのもよい。砂の材質によっ
　　　て、違う音がするかもしれない。ペットボトルでつくることが多い
　　　が、竹筒や厚紙など、素材を変えると音も変わって面白い。

他の人と音を比べて
みよう！

オーシャンドラム

準備：紙皿２枚、またはプラスチック板と段ボールを用意する。

手順：砂を用意する。あまり細かすぎない砂のほうが良い。

　紙皿で作る場合は、２枚を重ね合わせて、中に砂を適量入れ、縁を厚めのテープでとめる。
プラスチック板とダンボールで作る場合は、プラスチッ
ク板を手持ちできる大きさ（直径30cm程度）にカッ
ター等で切り、２つ用意する。段ボールを3cm幅で切っ
て、プラスチック板の外周をとめる。とめる際に、中
に砂を入れる。

オーシャンドラム

●発展ワーク●

● 2：砂絵で遊ぶ

準備：乾いた砂、砂ふるい、のり、ボンド、水、
　　　綿棒、わりばし、紙コップ、バケツ等

手順：

①ボードやお盆に筆や綿棒等を使って水で絵を
　描き、上から砂をふるう。

②砂を落とすと跡が残る。

③厚紙に、綿棒やわりばしを使い、ボンドやの
　りで絵を描き、砂をふるい、砂を落とす。

④砂を紙コップに入れ、わりばしに絵の具を付
　けてよく混ぜ、感触を楽しみ、徐々に砂が色
　付くのを感じ取る。

⑤色砂を乾かして色別に保管する。

⑥ボンドで絵を描き、砂絵を楽しむ。

ヒント：

・①と③と⑥の砂絵の違いを味わい、子どもに
　とっての体験の違いを考察する。

①

③

④

⑤

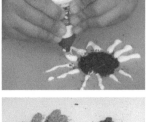
⑥

色砂団子

地面に色砂絵

コラム　砂場遊びを豊かにする環境づくり

　砂の魅力は遊び方の豊かさにあります。その豊かさは、子どもの
想像力と創造力によるものですが、それを支えるのは環境です。

　枠とブルーシートがあればベランダにもミニ砂場を作ることがで
きます。また、ごっこ遊びの豊かさは、一般的な砂場用具以外に、
机とイス、フライパンなどの調理用具の設定、活用できる自然素材
の有無にも左右されます。そして思考力や表現力を育む試行錯誤は、
水の使用はもちろんですが、砂の種類やヒューム管や樋、ボードな
どを設定するかどうかにも関わります。年齢や経験によっても砂場
の楽しみ方は違います。ぜひ一度、砂遊びをじっくり観察し、子ど
も達の行為を記録し、砂場環境を検討してみましょう。

4 育ちを喜ぶ栽培体験

　こどもたちとの生活の中で最も身近に自然を感じる体験が栽培体験なのではないでしょうか。園庭に眺めるだけの花壇を整えて、作物の収穫は遠足で行うという園もありますが、栽培は相互作用によって命の営みや恵みを感じる体験です。それを保育のねらいに即した体験にするためには、皆さん自身が栽培を体験し、必要な準備や技術を獲得する必要があるでしょう。

　それぞれの領域の学びを深める「発展ワーク」は次の授業や保育に活用できます。

体験 9 ハツカダイコンを育ててみる

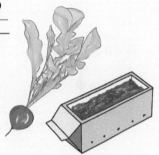

準 備：ハツカダイコンの種(1袋 10ml で牛乳パックプランター
　　　約 300 個分)、培養土
手 順：牛乳パック(1リットル)の横1面をくり抜き、注ぎ
　　　口をふさぐ。横置きにし、下から1cm位の位置に排
　　　水穴を10個くらいあける。土を入れ、種をまき、薄
　　　く土をかぶせて下の排水穴から出るまで水をやる。

　「ハツカダイコン」は「ラディッシュ」ともいいます。二十日くらいで収穫できるということから「ハツカダイコン」の名前がつけられました。小さいので、プランターでも牛乳パックで作った即席プランターでも栽培可能です。春まきでも秋まきでも育てられ、サラダに1品、色を添えることができます。

| 早く出ないかな。 | あっ！ | ぎゅうぎゅうだね。 | おいしいよ！ |

1週間ほどで　　　　　　　間引きます。(食べられる)　　　　収穫

　ハツカダイコンは、コンパクトなところが魅力。土の準備、種をうえる、水やり・・・そして収穫して食べるまで、自分の力でできます。種を植えてから約1か月ですし、畑まで行く必要もありませんから成長の様子が身近に感じられます。

　ハツカダイコンには1つ問題が。それはモンシロチョウが卵を産みに来ることです。モンシロチョウの卵を育ててチョウにするのも魅力的ですが、そうするとハツカダイコンの葉は穴だらけに。さてチョウをとるか、ハツカダイコンをとるか、悩みながら取り組むこともよい経験かもしれません。
(モンシロチョウの学習は、小学校3年生の理科で行います。卵から成虫まで育てて観察をします。)

モンシロチョウの卵
(米粒くらいの大きさ)

● 1：観察記録を残そう「マイハツカダイコン」

気付く 写真かスケッチを残そう

発芽日：　　月　　日	月　　日	収穫日：　　月　　日
注目ポイント	注目ポイント	注目ポイント

理解するだけでなく、小さな命を自分自身のように感じる感性を育みましょう。

● 2：種から育つ物語

種から始まる育ちの物語をミニ絵本かミニ紙芝居にしよう。

＊アイデアスケッチを描いてみよう：種を擬人化して名前を付け6画面の物語を考えてみよう。

主人公 （　　　　　　　　　　）	①	②
イラスト（コラージュ、写真でも）		
	③	④
主人公の背景（性格や境遇など）	⑤	⑥

🌱 体験 10 野菜は生きている！？

準 備：絵本『やさいはいきている』（藤田智監修、ひさかたチャイルド）、野菜の切れ端（大根、ニンジンなど絵本を参考に持参する）、いちごパック・ペットボトルなどの透明容器

手 順：絵本とテキストから材料を選んで持参する。グループでどれか一つの野菜を選んでもよい。経過を記録し、SNSなどで発信してもよい。最後に鑑賞する、味わうなどして野菜のパワーと恵みを感じる。

　調理のために切り落とした大根やニンジンの頭から葉を出すことができるでしょうか。アボカドの大きな種から芽を出すことはできるでしょうか。こんな再生野菜を試してみましょう。リサイクル、生ごみの減量、食材費の節約などにもなるかもしれませんが、野菜も生きている、自分とのかかわりで野菜や果物が生命の力を取り戻した、そんな実感をもてることが、環境領域としては大切です。

感じる 使った野菜を再生させる

①大根やニンジン

　お皿に水を張り、少し厚めに切り落とした大根やニンジンの頭の部分を置きます。水が腐りやすいので毎日取り換えましょう。数日すると葉が伸びてきます。新鮮な葉を食べてもよし、「大きくなれ」と応援してもよし、室内の緑を楽しむのもよし。旺盛な生命力を感じることができるでしょう。

②ミツバやネギ

　根がついているミツバやネギが手に入った時は、少し長めに残してコップの水に入れます。たっぷり水につけずに、根だけが水につかるようにスポンジか何かで工夫します。毎日水を換えながらの変化が楽しみです。成長が見えたら土に植えると、水栽培より長期間の成長が期待できます。スーパーで買ってきた三つ葉の根を庭に植えたところ、食べきれないほどのミツバが毎年野草のように出てくるようになりました。

③アボカドやミニトマト

　果物や野菜の種があると、「この種、芽が出るかな」と思いませんか。小さな植木鉢かポリポット等に土を入れて挑戦してみましょう。失敗することもありますが、芽が出てきたときはつい笑顔になり、だれかに「芽が出たよ」と報告したくなります。

　アボカドは種が大きく、芽が出ただけで観葉植物のようですし、寒さを防げば何年も成長します。種に傷をつけると発芽しやすいようです。

　　　ミニトマトは、上手に育てると収穫することもできます。食べたものと同じ種類が収穫できるとは限らないので、どんなミニトマトが成るか楽しみです。種の周りについた実のカスなどは、よく落としてきれいにしてからまきます。

　　　こどもたちと一緒に取り組んだら、日々の変化に心が動く楽しい体験となるのではないでしょうか。野菜嫌いのこどもにも改善効果が期待されるかもしれません。

● 1：やさいでペタペタ

　　　野菜の切れ端のもう一つの活用法を体験しましょう。

　　　再生用の切れ端を作るときに、余分な切れ端ができてしまうかもしれません。有効活用して楽しいスタンプ遊びをやってみましょう。

準　備：形がおもしろい野菜や残り野菜、スタンプした作例や絵本（『やさいでぺったん』
　　　　福音館書店）など、カッティングボード、包丁（ケース付等安全に配慮したもの）、
　　　　画用紙、キッチンペーパー、トレー（リサイクル）、絵の具、水
手　順：①スタンプ台を作る。スチレントレー等に絵の具を濃い目に溶き、容器のサイズ
　　　　　にたたんだキッチンペーパーを乗せる。絵の具を吸ったペーペーを裏返す。色
　　　　　は分担して作る。
　　　　②手元にある材料を1つ選び、写し方や切り方を工夫して同じ材料からなるべく
　　　　　多様な表現ができるよう試みる。探索の過程が大切なのではじめから作品作り
　　　　　をしない。
　　　　③作例等を見てどの野菜でどう切ったのかを想像し、さらに多様な材料をスタン
　　　　　プして形の発見を楽しむ。
　　　　④遊びながらテーマを見つけ自分のイメージを表す。
オススメ野菜：オクラ、レンコン、ピーマン、葉物の軸（大根の葉等を切った面）
発展：アクリル絵の具を使うと布に染めることもできる。

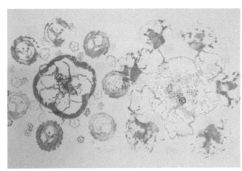

学生作品

🌱コラム 　💧植物⇔音楽

　世界には、植物でできた楽器があります。オーストラリアでは、内部が空洞となったユーカリの木を用いた楽器、ディジュリドゥがあります。フィリピンのカリンガ族は、トガトンという竹の筒でできた楽器を作りました。

　アフリカ発祥といわれるレインスティックは、サボテンの内部にサボテンのとげなどを螺旋状に入れ、そこに小石や豆、種を入れて作られます。人間は、植物から出せる音を聴き、触発され、楽器や表現を生み出してきたのです。

　また、20世紀の電子テクノロジーの進展によって、植物の生きる営み自体を音楽に変換することも行われるようになりました。植物に流れる電位差を読み取り、その変化を「信号」として音に変換するのです。この方法でつくられた音楽には、作曲家の藤枝守による植物の葉の電位差を基にした植物文様シリーズや、坂本龍一による木の内部の電位差を基にした Forest Symphony などがあります。

　人間は、植物から得たインスピレーションを基に、音楽を作り出してきたのです。

🌱 体験 11 サツマイモを育てよう

準 備：畑（土は選ばない）、サツマイモ苗（ホームセンター、通信販売等で入手可能）
手 順：①畑を耕して土を軟らかくしておく。
　　　　②うねを作り、高くなっている場所にサツマイモ苗を置いて、茎の部分に土をかける。
　　　　③じょうろを使ってやさしく水をかけ、土が乾いたら水をやる。
　　　　④つるが伸びて根がはってしまった場合は引き抜いてツルを返しておく。

　　　　保育園で、幼稚園で、小学校で、肥料分の少ないやせた土で栽培できるサツマイモは、定番の作物です。（小学校では 2 年生の生活科で扱うことが多いです。）収穫した、自分の顔より大きな芋を両手で抱えている姿は、小さい子ならではのベストショットが期待できます。

　　　　そして収穫したサツマイモや芋のつるは、環境での活動だけでなく表現の活動でも大活躍します。

● 発展ワーク ●

● 1：サツマイモから育ててみよう　　気付く

①サツマイモは種ではなく、苗を植えます。 苗はホームセンター等に売っていますが、サツマイモから芽を出して苗にすることもできるのでやってみましょう。

・4 月ごろ、芋に薄く土をかけ水をやり、暖かいところに置きます。
・つるが 20 〜 30 ㎝になったら、切り取って苗にします。

②苗を植えます。

・サツマイモは寒さが苦手。暖かくなったら植えます。（5 〜 6 月）
・肥料も、植え方もあまり気にしなくて大丈夫ですが、こどもたちには「土のお布団をかけよう」と声をかけてみましょう。
・大きくなるので、隣とは 1 mくらいあけましょう。

③10〜11 月ごろ、少し掘ってみてお芋が大きくなったら収穫です。まずつるを取り除き（あとで使うのでとっておきます）、掘りやすくしてから収穫します。つるは鎌やはさみなどで切りますが、安全のため大人が切ります。掘るときはおいもを傷つけないように注意深く掘り、大きさや重さを比べたり、つるの長さを感じたりする機会を作りましょう。

　　　　サツマイモは、栽培が簡単なところが魅力。協力して育てるところが魅力。元気のない根の生えていない苗が、水をあげるとどんどん元気になってどんどん育ち、大きなお芋が収穫できるところが魅力。芋は食べてもおいしいし、食べる以外にも使えるところが魅力。邪魔者に見える収穫時のつるもいろいろ使えるところが魅力。魅力がいっぱいのサツマイモです。植える場所さえあればぜひ挑戦したい作物です。

2：つるで遊ぼう・つくろう

遊び方を考えよう！

探す つるで遊ぼう！

実際に手にして遊びを考えてみましょう。
こどもたちはこんな遊びを思いつきます。
＊つるの長さ比べ「一番長いつるコンテスト」
＊「つると葉っぱで変身！」つるがベルトに
＊ジャングルジムをつるで覆ってジャングルに！
＊いもづる縄跳びできるかな？！

乾燥した芋づる

表す 芋づるリースをつくろう！

準備：芋掘りが終わったつるから葉を切り落とし、泥を洗い落とす。

手順：①芋づるをリースの大きさより一回り大きめの輪ができる長さに切り、3本〜5本
束ねる。ビニールタイを使うとよい。他にもツルを編む、巻き付けるなどの作り
方もあるので工夫する。

②リースの形ができたら日に当てて干し、形が整ったら物干し竿などにかけ、そ
の後数週間風通しのよい軒下などに吊り下げておく。ツルが黒っぽくなって完
全に乾燥するまで待つ。

③好きな材料を持ち寄って飾る。ボンドで付けにくい時はグルーガンを使うとよ
い。

④壁面にツリーの形に飾ると季節感のある環境作りになる。

3：おいもを味わう

収穫の喜びを倍増させよう！
収穫したおいもは、まずきれいに泥を落とします。すぐに流し
台で洗うと排水溝が詰まってしまうので、バケツ等に水を汲み、
水とブラシやスポンジで洗い、沈殿した泥は地面に戻しましょう。

感じる やきいも

たき火ができる場所は少なくなりましたが、バーベキューの
炭火でもおいしいやきいもができます。キッチンペーパーをぬ
らして巻いてアルミホイルでしっかり包みます。残り炭でじっ
くり焼き、30分くらいしたら竹串が通るか確かめてみましょう。

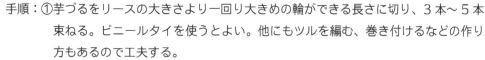

感じる ふかしいも

大きなおいもは事前に切って蒸し器でふかします。
電子レンジでもできます。ホットケーキの素を使い、
作った生地とサイコロ状に切ったおいもをカップに入
れて蒸すと、おいしい蒸しパンが簡単に作れます。

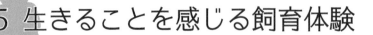

5 生きることを感じる飼育体験

> 　子どもたちは、生活の中でさまざまな生き物に出会っています。幼児期の特性として、生き物を対象化して理解するのではなく、自分と重ねてわかろうとする傾向があります。時には生き物に話しかけることすらありますが、これは、幼児らしい感性や想像力が養われている姿ととらえることができます。ただし、見つけた生き物に関心を持ち、飼いたいと思った時に、その気持ちにこたえることができれば、それは子ども達にとって生きることを感じるかけがえのない体験になります。

体験 12 カタツムリを育てよう

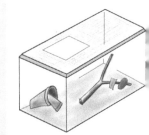

準　備：水槽または昆虫飼育ケース、ふた、霧吹き、植木鉢のかけらや
　　　　木の枝等、土（土はなくても飼育できる。湿気保持のため・産
　　　　卵場所・冬眠のためには土が必要となる。園芸用の腐葉土や赤
　　　　玉土がよい。）

え　さ：野菜くず（レタス、キャベツ、ハクサイ、ニンジン、キュウリ等）
　　　　卵のからまたは貝がら（貝がらを作るために石灰分が必要。）

手　順：①水槽に土を入れる。（土無しでも飼育できる。）
　　　　②活動場所、隠れる場所として植木鉢のかけら、木の枝を配置する。
　　　　③カタツムリを数匹見付けてきて入れる。
　　　　④霧吹きで中を湿った状態にしてふたをする。

飼　育：①えさはしおれないように毎日交換する。えさは小さく切って与える。
　　　　②霧吹きで適宜湿らせ、湿気を保つ。（使用する水はカルキ抜きをしておく。）
　　　　③直射日光は避ける。風通しの良い日陰がベスト。
　　　　④食べ残しのえさ、ふん、水槽の掃除をする。（えさを交換する時に丸洗いすると
　　　　　よい。）
　　　　⑤土が汚れたら交換する。

注　意：①カタツムリは寄生虫がいるので、触った後は必ず手を洗う。
　　　　②アジサイの葉は毒があるので与えない。
　　　　③脱走しないように必ずふたをする。
　　　　④夏と冬は活動しない。特に冬は寒さに弱く冬眠するので注意する。

　現代人は、自然と触れ合う機会が少なくなってきています。犬や猫などのペットを飼う人は増えているようですが、昆虫や小動物を飼っている人は少ないでしょう。
　子どもは、自分で昆虫や小動物の世話をすることを通して、人間とは違う生き物がいることを理解し、思い通りにならないことがあることを、身をもって体験します。優しさや責任感を養います。昆虫や小動物と心を通わせ、生命の尊さを感じ取ります。

カタツムリは幼児でも飼育ができます。またカタツムリの動きはゆっくりで、幼児が手に取ったり、じっくり観察したり、遊んだりできます。カタツムリを飼育し、カタツムリと遊んで友だちになりましょう。

遊んでいるとカタツムリの能力のすごさに気付きます。カタツムリの足は急な斜面でも簡単に登ることができます。逆さまになって天井裏を移動することもできます。細いひもで綱わたりをすることもできます。カタツムリの口はコンクリートでも削り取って食べることができます。目を引っ込めたり、からの中に全身をしまい込んだりすることができます。精子と卵子の両方を持ち、1匹でお父さんでもあり同時にお母さんでもあります。（雌雄同体）

カタツムリのイラストを描いてみましょう。カタツムリの目は（ア）（イ）のどちらでしょうか。

（ア）

（イ）

● 1：カタツムリの足は super leg　気付く

①本当にどこでも歩けるのか実験します。木登り、逆さま歩行、綱わたり、包丁の刃わたり等いろいろ試してみましょう。
②透明なガラス板の上を這わせて、どのようにして歩いているのか観察しましょう。

● 2：カタツムリの口は super mouth　気付く

①手の上に野菜の汁をつけてカタツムリに食べさせ、カタツムリの口を感じ取りましょう。
②ガラス板の上に野菜の汁やご飯粒を塗りつけてカタツムリに食べさせ、口の様子を観察しましょう。
③野菜の種類とうんちの色の研究をしましょう。ニンジンを食べると赤いうんちをするでしょうか。ハクサイの白いところを食べると白いうんちになるでしょうか。

● 発展ワーク ●

🐦コラム　💧カタツムリは梅雨の定番？

子ども達は深い関わりをすると、心が動き、思ったことを表したくなり、様々な媒体で表そうとします。表したいことは、その子どもだけが感じたことや気付いたことなので、多様性を認め合うチャンスです。ところが、6月だからという理由だけで、見たこともないカタツムリを一斉に描かせたり、紙皿を配って渦巻きを描きましょうと描き方を教えたりするのはなぜなのでしょう。表すことや表し方を強いることは、その子どもの感じ方を否定することになってしまいます。幼児期の表現に「間違い」はありません。このカタツムリの絵には、自分だけの感じ方が表れていますね。

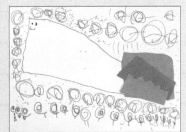

美育文化協会『世界児童画展50周年記念誌「こどもの絵から見る世界」』p.30

体験 13 モンシロチョウを飼ってみよう

準　備：プランター、土、ふた付きのブドウパック、ハツカダイコンまたはハダイコンの
　　　　種

え　さ：ハツカダイコン（ハダイコン）の葉

手　順：①モンシロチョウの卵を得るため、プランター（花
　　　　　壇や畑でもよい）にハツカダイコンの種をまい
　　　　　て育てる。
　　　　②ハツカダイコンの種は3日程度で発芽する。そ
　　　　　の後モンシロチョウが産卵するのを待ちながら
　　　　　栽培する。
　　　　③モンシロチョウが産卵したら、卵を葉ごと採ってパックに入れ、飼育する。
　　　　④モンシロチョウが羽化したらお別れする。
　　　　⑤ハツカダイコンは収穫して食べる。

飼　育：①卵がかえったらえさを与える。えさは毎日様子を見て交換する。えさは小さく切っ
　　　　　てアオムシの成長に合わせる。（葉が大きいと見失うため。）
　　　　②エサを交換するときに必要に応じて掃除をし、フンや食べ残しのエサを取り除
　　　　　いてきれいにする。
　　　　③アオムシが逃げないように必ずふたをする。
　　　　④2cm位に育って動かなくなったらさなぎになる。
　　　　⑤さなぎになったらエサは与えず、羽化してチョウになるまで見守る。

注　意：①1つのパックに、卵を5個程度にして飼育するとよい。
　　　　②エサが不足した場合はキャベツでもよい。
　　　　③さなぎになる時には、上から見えないようにふたに紙をはるとよい。
　　　　④同じようなパックを2つ用意し、そっくり引っ越しする要領でえさの交換や掃
　　　　　除をすると、作業しやすい。
　　　　⑤4月5月ごろに飼育を始めると失敗が少ない。（種まきは3月ごろから）

　　モンシロチョウは、卵から40～50日ぐらいでチョウになります。チョウになって放し
たら、飼育は終了となります。　エサは初めに植えたハツカダイコンだけですから、エサに苦
労することはありません。このようにモンシロチョウは、飼育に対する負担が少ない生きも
のです。

　　その間に、産卵‐孵化（卵がかえる）成長‐変態（さなぎに
なる）‐羽化（チョウになる）と大きく様子が変化します
から、大人でも変化する様子にワクワクすることでしょう。
羽化したばかりのチョウにそっと指を近づけると、指先に
つかまってくれることもあります。

● 1：モンシロちゃん成長の足跡を残そう　観察記録をする。

卵発見！　　月　　日	生まれたよ　　月　　日	大きくなったね　　月　　日
私の気付き：	私の気付き：	私の気付き：

たくさん食べるよ　月　　日	さなぎになったよ　　月　　日	旅立ち　　　　月　　日
私の気付き：	私の気付き：	私の気付き：

● 発展ワーク ●

● 2：チョウをつくる

チョウを飼ったら、対象として見るだけでなく、チョウを作ってみたり、チョウになってみたり、様々な表し方を楽しみましょう。

子ども達のチョウに対する思いがふくらみ、興味関心や理解も深まっていきます。

5歳児が 製作コーナーで自由に作ったチョウ
（羽：クッション材、体：乳酸菌飲料容器、ビニールテープ、油性ペンを使用）

表す　形と動きを楽しむチョウの切り紙

切り紙遊びは、折り紙などの薄い紙を 2，3回折って、切り込みを入れて開くことで、形の変化や美しさを感じる遊びです。ここでは、1回折りで、線を書いて切って開くことで、左右対称の形ができることを楽しみます。保育の場には、❶折って線が描いてある折り紙、❷描く線のスタートとゴールが描いてあって自由な形をつくれるものなどを設定しておくと個に応じることができます。切ったらクレヨンやペンで自由に模様を描きましょう。シールやスタンプでも楽しい模様ができます。5歳児クラスはチョウの図鑑を置くとよいでしょう。

中央にストローを貼って持って走ると、ひらひら羽が動きます。触角は、曲がるストローの先に切れ目を入れることで表現できますが、モールやビニタイを使うと形が自由になります。

❶1回折り線をかいたもの

❷1回折りスタートとゴールをかいたもの

表す　模様を楽しむチョウの絵の具遊び

「デカルコマニー」は、折り目をつけた画用紙に、絵の具をつけて、もう一度折り目を折って、こすって開く表現技法です。絵の具が変化して予想外の色や模様になる

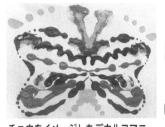

チョウをイメージしたデカルコマニー　　染め紙のチョウ

ことが楽しくて、幼児は何回も楽しみます。「染め紙」は、チョウの形の障子紙を使うとよいでしょう。「左右対称」という言葉を知らなくても、その意味や美しさを感受する経験となります。

表す　チョウの羽を作ってチョウになる

幼児にとって、なってみることは理解のための一方法です。チョウになりたいと思ったら、箱にひもを付けて背負えるようにしましょう。包装紙などの好きな材料で羽を作り、羽を貼って園庭を動くとチョウの気持ちを味わうことができます。

6 色との対話を楽しむ

　もしもこの世に色がなかったら…と考えたことはありますか。『いろいろへんないろのはじまり』（アーノルド・ローベル、冨山房）という絵本は、まだ色のなかった昔に、一人の魔法使いが失敗を重ねながら、豊かな色をつくり出す物語です。子ども達も色を混ぜて色を生み出す魔法が大好きです。援助する私達は、単なる色彩理論ではなく、色との出会いがわくわくするものになるような知識・技能を身に付ける必要があるでしょう。色との対話を通し必要な専門性を高めていきましょう。

🌱 体験 14　色のつながりを感じる －グラデーションをつくろう－

準 備：水性絵の具（アクリルではないもの）スポンジ　紙皿　手ふき　水入れ　綿棒　紙粘土
　　　（軽量樹脂粘土、小麦粉粘土でも）

気付く 絵の具でつくるカラーサークル

①紙皿をスポンジで軽く濡らし、余分な水分を拭き取る。

②縁の部分にバランスよく、色の3原色〈赤・黄・青〉の絵の具を置く。指で黄色を円周の3分の1程度広げる。

③指を洗って、次に赤を両側に広げ、黄色との混色を楽しむ。

④指を洗って、次に青を両側に広げ、グラデーションになるよう調整する。細かい部分は綿棒で調整するとよい。

⑤ 真ん中に白を置いてパステルカラーのサークルをつくる。

絵の具のカラーサークル

感じる 粘土でつくるカラーサークル

①紙粘土（小麦粉粘土）を3つに分け、色の3原色をそれぞれに練り込む。できた3つの粘土をそれぞれに3等分にする。

②3等分したうちの1つを、三角形になるように配置する。

③残りの2つをそれぞれ違う色と混ぜ、その間に配置する。

④同様にそれぞれを3等分にして、1つをそのまま残し、隣同士で混ぜて配置する。

⑤星形など好きな形にして並べる、順番に重ねて伸ばして断面を見る、食材など好きなテーマを設定してつくって楽しむ。

粘土のカラーサークル（③の段階）

工夫する 身近なものでつくる色のグラデーション

①身近なものでカラーサークルや色のグラデーションをつくる。

②できたら写真を撮って共有する。

例：木の葉、筆記具、空き箱、タオル、
　　色水（透明の容器や袋に入れる）、
　　衣類、草花

色水を並べる5歳児

衣服の作例

発展ワーク

1：色の世界をひろげよう

「色おに」で遊ぶのも
興味関心につながるね。

ワーク を 選んで取り組んでみましょう。

探す　カラーチャートとお散歩

　カラーチャートや配色カードがあれば用意する。ない場合は、色見本を印刷してラミネートする、折り紙や色画用紙などをカード状に切ってリングに通すなどしてマイカラーチャートを作る。お散歩の途中で カードの色の仲間やピッタリカラーをみつけよう！

表す　カラーコラージュ

　色別のチームを作り、新聞紙のカラー写真や広告紙、パンフレット等から、チームカラーの部分を切り取り、コラージュで「◯色の世界」を表現する。完成後に交流して感想を伝え合う。

コラム　　色は光の子どもたち？

　光をプリズムに当てると、虹色のグラデーションができます。そのつながりをぐるっと円にしたのがカラーサークル（色相環）です。「純色」と呼ばれる色の仲間ですが、名もない色が無数にあります。色は、名前だけではなく、関係性でとらえられるとよいでしょう。一般的には、混ぜて作れない「色の3原色」は〈赤・黄・青〉といわれ、3色の絵の具や色相環の向かい合った「補色」を混ぜると黒っぽい色になりますが、「光の3原色」は〈赤・緑・青〉で、混ぜると白くなります。色がもつ特性は、体験14で紹介した絵本にも描かれていますので、味わってみてください。

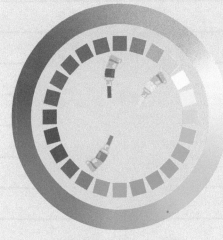

カラーサークルのイメージ図

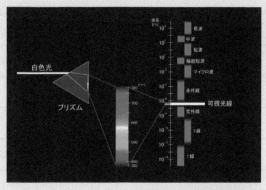

©JCRI 2020
一般財団法人日本色彩研究所
新版色彩スライド集
第1巻「色彩基礎理論」より

表す　色の家族を作ろう！

以下を参考に、純色と白と黒の絵の具で同系色作りを楽しむ。（拡大コピーして使用）

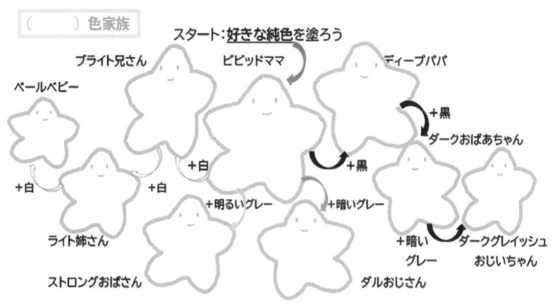

（　　　）色家族

ブライト兄さん
ペールベビー
スタート：好きな純色を塗ろう
ビビッドママ
ディープパパ
＋黒
ダークおばあちゃん
＋白
＋黒
＋白
＋白
＋明るいグレー
＋暗いグレー
ライト姉さん
＋暗い
グレー
ダークグレイッシュ
おじいちゃん
ストロングおばさん
ダルおじさん

★色彩理論やトーンについて学ぶ場合は、（株）日本色研事業「デザインの色彩」＊参照

● 2：色を楽しむ表現技法

色と色の対話が
聞こえてきそう…。

表す　にじみ絵

にじみ絵には大きく分け2つの方法があります。

1 紙を濡らしてから描いてにじませる

　①画用紙全体をにじませる場合は水を含んだスポンジで表面と裏面をぬらし、机にぴったりと貼る。部分だけにじませたい時は 画面の一部を濡らす。余分な水分は拭き取る。

　②筆に溶いた絵の具をたっぷりふくませ紙の上に置き、にじみを味わう。粉絵の具やチョーク粉でも。

2 絵を描いてからにじませる

　①水性のカラーペンで描画する。事前に紙の形を切って置いてもよい。にじませたくない線は、油性ペンで描いておく。年長児の場合は、どちらのペンも出しておくことで、不思議を感じる機会になる。

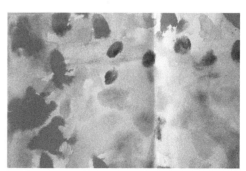

1の方法で画用紙全体をにじませた絵（5歳児）

②画用紙の場合は、その上から水スプレーをかけて
にじむ様子を楽しむ。

③コーヒーフィルターや障子紙などの場合は折りた
たんでインクをしみ込ませる。水を入れたカップ
に、紙の縁をつけて様子を見る、水に浸して広げ
るなどを楽しむ。

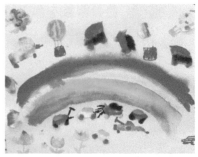

虹は**1**、車などを貼った部分は**2**の方法

表す　ビー玉アート

意図しない表現が生まれるのは楽しいことです。

①画用紙の縁を約1cm幅で折り、縁を立てて隅をテープ
でとめる。

②パレット等に好きな色を3色程度出し、水を少量入れて
おく。

③ビー玉に絵の具をつけて、画面上をころがす。色を変え
て繰り返す。

④紙を形に切ってから楽しむ場合は平箱に置いて行う。交
差した部分に着目する、濃さを変える、紙をぬらすなど、
発展を楽しむ。

⑤複数人で箱やボードを持ち大作を作るのも楽しい。

ビー玉で描くこともできる

表す　デカルコマニー（合わせ絵技法）

　体験13の発展ワークを参照してください。何度
も繰り返し遊ぶことで、左右対称の 美しさに触れる
だけでなく、混色や写り方など、子どもなりの推論
と検証を楽しむ遊びにもなるので、試行錯誤ができ
るような環境設定をするとよいでしょう。「どうし
て？何に見える？」と問いかけてみましょう。

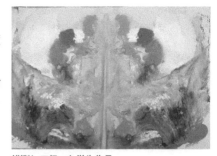

推測して行った学生作品

表す　スパッタリング（霧吹き技法）

　スパッタリング用具として、金網と先の固い筆の
セットがありますが、歯ブラシに付けた絵の具を親
指ではじくという方法でもできることを知っておく
とよいでしょう。マスキング部分を動かして色を重
ねていくと、混色とは異なる画面が楽しめます。紙
をくしゃくしゃにして乾いたら広げる、部分的にぬ
らしておく、紙を波線に切り黒い紙の上に隙間を
作って置き、銀河を表現する等、試してみましょう。

夜空のイメージ

表す　フロッタージュ（こすり出し技法）

　表面の凹凸をこすり出すことで視覚的に捉える技法です。薄めの紙と固めのクレヨンか全芯色鉛筆を使うときれいです。一度こすり出した画面を少しずらして違う色を重ねるとおもしろい色彩効果が得られます。他にも、スチレン版画やローラー遊びなどでも向きを変えて色を重ねると、工夫次第で深い色合いを生み出すことができます。

フロッタージュ　　　　　　　　　　　　ローラー遊び

表す　大きなビニールに描く

　ビニールの上でもはじかない絵の具を用意します。（中性洗剤を混ぜるとはじきにくくなります。）農業用ビニールのロールなどを用意して床に固定し、手や足を使って楽しみましょう。具体物を描かないなどのルールを設定すると色との対話が楽しめます。保育では、園庭の遊具を包むなどするとダイナミックな活動になります。

夜と朝では見え方が違う（下：朝の自然光、上：夜の蛍光灯の光）

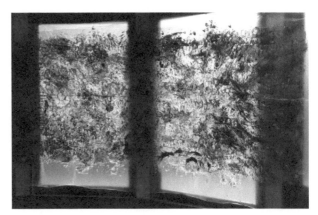

体験 15 草花から色を作ってみよう

晴れている日のアサガオの花は、昼ごろにはしおれてしまいます。しおれたアサガオの花を活用して色水をつくって遊んでみましょう。アサガオ以外の花や葉、さらにニンジンやホウレンソウなどからも色水をつくることができるでしょうか。色水をつくるのではなく、花を直接紙にこすりつけて絵を描いてみてもいいです。

準　備：花や葉（アサガオ、ツユクサ等）野菜（ニンジン、パプリカ等）、チャック付きビニール袋

手　順：

《アサガオから色水をつくる》

　アサガオの花をいくつか採り、チャック付きのビニール袋に入れます。チャック付きの袋がない場合は、口を輪ゴムなどでしっかりしばります。水を少し入れてふたを閉め、ビニール袋の上からよくもみつぶして汁を出します。色の出方を見て、水を増やしてもよいです。自分がきれいだな、と感じる色に仕上げてみましょう。赤い花からは、赤い色がつくれるでしょうか。青い花からは青い色がつくれるのでしょうか。白い花からはどんな色がつくれるでしょうか。

　アサガオから色水がつくれたら、他の花や葉で挑戦しましょう。草花だけでなくニンジンやホウレンソウ、ムラサキキャベツ、パプリカ等の野菜からも色がつくれます。（野菜はもともと草花。）硬くて色が出にくい場合は、すりつぶす、煮るなどの工夫をします。

《つくった色水で遊ぶ》

　いろいろな色の色水ができました。できた色水を混ぜたらどんな色になるでしょうか。思いつくままに混ぜ、新しい色づくりに挑戦してみましょう。思い通りの色にならない場合もありますから、少しずつ混ぜるのがこつです。

　気に入った色がそろったら、それを絵の具にして絵を描きます。絵の具のように濃い色は出ませんから、鉛筆で形を描いてから、つくった色水の絵の具で着色をするとよいでしょう。

1：色遊びのための草花を育てよう

工夫する　色遊びに適した環境を計画的につくる

　アサガオは春にアサガオの種をまいておく必要がある。アサガオ以外の草花も、色遊びのために育ててみよう。

左：ツユクサ　右：オシロイバナ

色が濃く、水分が多い花は、よい色が出そうである。 アサガオ、ホウセンカ、オシロイバナ、ツユクサ、マリーゴールド等が適しているようだが、他にも挑戦してみよう。

草花を育てる

園芸店やホームセンター等で種や苗を購入して育てる。

プランターなどで育ててもよいが、布に染めたい場合は大量に必要になるので、花壇等で育てる。ネットなどで育て方を調べた方がよい花が期待できる。

● 2：草花でたたき染めをしよう

気付く たたき染めで作品をつくる

素材を集める

公園などに行き、色や形が気に入った雑草の花や葉を採ってくる。あまり大きくない植物の方が作りやすい。

道具を用意する

写し取る紙（大きさはA4程度。和紙、またはコピー用紙）、木槌、カメラ

作品をつくる

①紙を2つに折り、しっかりした平らな台の上に置く。

②2つに折った紙の片側に花や葉をレイアウトする。そのまま写し取るので、完成した姿をイメージし、よく考えてレイアウトする。

③レイアウトができたら、紙を折って花や葉をはさむ。

④重ねた紙の上か、やや強めに木槌でたたき、草花の形を紙に転写する。色や形を出したい場所を中心に、細かく何回もたたくとよい。

⑤時々紙をめくってでき具合を見ながらたたき、写し取れた、と思ったらそっと紙をはがす。

⑥良い作品ができたら、写真に撮るかスキャナーで読み取り、プリントアウトして額に入れて作品にする。

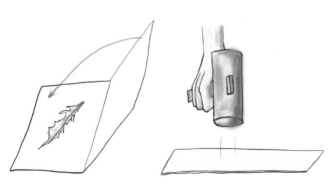

発展ワーク●

目のつけどころ	気付いたこと
花や葉の色について	
花や葉の形について	
その他・感想	

3：簡単染め物をしよう

気付く 布を染める

草花からつくった色を使って、布を染めてみよう。

材料を集める

・色が良く出る花びらと染める布
・花は、布の重さと同じ重さくらいの量を用意する。（冷凍して保存しておくと良い。）
・ウールやシルク等動物性の布は比較的よく染まる。

布を染める

①花びらを小さくちぎる。
②ボウルに入れた水の中で、ちぎった花びらをよくもみ、色水をつくる。
③色水に染める布を浸す。布が色水から出ないように気を付ける。
④5～6時間ほど浸す。
⑤洗って乾燥させたら完成。

挑戦してみよう

〇もう一度染めると 色が濃くなるだろうか。
〇水ではなく、お湯を使ったらどうか。また、煮たら染まり方は変わるだろうか。
〇媒染剤（ミョウバンや酢等）を使って染めると、染まり方は変わるだろうか。

7 ものとの対話を楽しむ

ものとのかかわりは、感性を育む体験です。ものは、そのアフォーダンスによって子ども達に語りかけ、それに気付き 応える行為によって変容し、新たに生まれます。こちらから手を伸ばせば、ものからは感触が得られ、触れている自分を感じることもできます。このように、ものは一方的に働きかける存在ではなく、対話を楽しむ相手ともいえます 。ここでは、子ども達が楽しんでいる様々な「ものとのコミュニケーション」を体験し、保育の専門性を高めていきましょう。

🌱 体験 16 さわって楽しもう −触って当てよう 感触クイズ−

準 備：ダンボール箱／手が入る穴を開け、中が見えないような工夫をする。感触の違う様々
　　　なもの（安全面・衛生面への配慮をしたもの）を用意する。

手 順：チームに分かれ、それぞれに出題するものを用意し、相手チームに見えないように、
　　　ダンボール箱に入れる。チーム対抗にし、1人ずつ、交互に相手チームの箱に手を
　　　入れ、触れたものがどんな感じかを指定された方法で表現し、何だと思うかを回
　　　答してから取り出し、全員に見せる。記録し、振り返る。

【表現方法の例：形容詞・オノマトペ・色・動き・動物　等】

記録用紙 を作る

 DOWNLOAD 13

　　見ている人も参加するために、下記を参考に記録用紙を作ってみましょう。感触がどんな感じかを表現する際に、「形容詞で」「オノマトペで」「色に例えると」「ポーズで表すと」など、条件を付けましょう。感想は、勝敗や楽しさなどではなく、視覚に依存している生活の中で、触覚機能だけを使う体験はどうであったか、区別しにくい感触や表現しやすい感触があったかなどを考察しましょう。

（　　　）チーム	1人目				評　価	
どんな感じ？（表現）					表現力	
何かな？（回答）					S・A・B・C	
正解は…					正答率	
感　想					S・A・B・C	
					総合評価	

● 1：簡単スライム をつくろう

一般的なスライムは、PVA 配合の洗濯のりとホウ砂を混ぜて作りますが、ホウ砂は薬局で購入する薬品であり、お湯で溶いてから使うなど、幼児には扱いにくい材料です。そこで、ホウ砂と同じような働きをする成分が入っている液体洗剤を使うという方法で、スライムを作ってみましょう。

ごっこ遊びのアイス作りにも活用できる（5 歳児）

身近な商品としては、液体洗剤のアリエールやボールドなどがあります。他には PVA 配合の洗濯のりと透明容器と混ぜ棒があればすぐに作ることができます。感覚遊びなので、作りたい量の洗濯のりに少しずつ洗剤を入れて、感触を確かめながら作るのが良いでしょう。

発展として、絵の具やラメやビーズ等を入れて視覚的に楽しむことができます。目玉シール も表現が広がります。長期保存ができないこと、口に入れないようにすることなどに注意しましょう。

準備は 2 種類の液体と混ぜる用具だけで OK

手に取って感触を楽しんだら発展的な遊びも楽しんでみましょう。洗剤の匂いと色は事前に確認しておくとよいでしょう。

なぜ固まるのと
聞かれたら
どう答えたら
良いのかな…

正解より、不思議という気持ちに共感して、調べたり考えたりする姿が大切なのかもしれないね！

● 2：泡をつくって泡でつくろう

毎日手を洗い、あたりまえのように手を触れている泡ですが、意識的に泡を作るという体験は、あまりないのではないでしょうか。ポンプから泡をたくさん出して怒られた経験をもつ子どももいるかもしれません。子ども達にとって、泡立つことは不思議な現象です。そして手に乗せた泡のふわふわは、気持ちを満たすものです。作った泡が、さらに姿を変えることを知ったらどうでしょう。子ども達のやってみたいという意欲を高める様々な遊びや活動を楽しみましょう。

感じる ぷくぷく泡で遊ぶ

シャボン玉液や中性洗剤をカップに入れて、ストローで吹くと泡立ちます。泡立てて溢れさせるのは、子ども達が大好きな遊びです。下に白い紙を敷き、濃く溶いた絵の具を少量ずつ入れながら、膨らみ具合や色合いを確かめましょう。泡を割ると不思議な形が残ります。

後に残る模様を楽しむためには、水を入れすぎないことがポイントです。紙で上から写し取る方法もあります。ストローに切り込みを入れると子どもの誤飲を妨げます。

感じる ふわふわ泡で遊ぶ

細かな泡は、石けんを削って泡立てます。5歳児クラスであれば、掲示をしておくと教え合って遊びます。柔らかい袋を使うと、感触を楽しむことができ、袋に顔を描いて大切に扱う姿も見られます。固い泡ができたら、袋の底の角を切って、飾りや絵など、様々な表現を楽しむこともできます。削る際は、目が詰まりやすいので、目の粗いおろし器を用意しましょう。色付けには粉絵の具かチョーク粉を調味料容器に入れておくと便利です。

袋でもボールと泡立て器でも楽しめる

削った石けんと水と入れて揉む

固い泡は絞って遊ぶことができる

粉石けんとチョーク粉と水の設定例

● 3：いろいろなシャボン玉をつくろう　工夫する

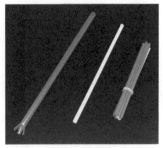

シャボン玉はできるだろうか…

ストローを数本束ねたら、どのようなシャボン玉になるか。
ストローの先を割り広げたらどうなるか。いろいろ試して
遊んでみよう。

シャボン玉遊びの工夫を考える

液の工夫をするのか（例：大きくふくらむシャボン玉液を
つくる）、シャボン玉をふくらませる物の工夫をするのか
（例：ストローの形やストロー以外の物でつくる）考える。
さらに、シャボン玉で どのような遊びがあるのか調べる。

準備をする

シャボン玉液の工夫をする場合は、どのような物が必要か（湯、洗剤、
洗濯糊、砂糖等）、どのくらいの割合で混ぜるとよいのか、調べて準
備する。また、ふくらませる物を工夫する場合は、ストローの大きさ
・本数・形状、ストロー以外でつくれそうなものを用意する。

DOWNLOAD 14

工夫していろいろなシャボン玉をつくる

目的や工夫	方　法	感　想
例：大きなシャボン玉	太いストローを使う	太くするだけでなく、先を割って開いたり、ゆっくり吹いたりする
シャボン玉遊びの感想		

体験 17 ものと遊ぼう - ものと出会い、対話し、仲良くなる -

準備:

多くの数を集められるものを用意する (ペットボトルキャップ・紙コップ・クリアーカップ・プラスチックフォーク・クッション材・わりばし・せんたくばさみ・ストロー等)

手順:

チームに分かれ、それぞれの「もの」を入れておいたかごに記号を付けて抽選する。

カゴに入っていた「もの」を手に取り、個別に性質や可能性を探究する。

それぞれの「もの」との対話の結果をグループ内で発表する。

グループで協力するとなにができるかを話し合う。

グループで場所を選び、「もの」の可能性を探究し、「もの」や場に働きかけ表現する。

ICT 機器を用いて経過を記録し、最後にグループごとに発表する。

感性を働かせ発想を耕す ⇒ 創造的な技能を共有する ⇒ 協働して環境に働きかける

関わる 感じる 気付く 試す わかる 工夫する 組み合わせる 遊ぶ 活かす 創り出す 極める

ストローってつながるね！

廊下で長くつなげてみよう

ストロー列車がストロートンネルを通る

フォークは組むことができるね！

きれいにならべてみよう

ものと用途を離れて
向き合うといろいろな
可能性が見えてくるね

階段を上るよ

● 1：比べてみよう

気付く　何を比べるのか - 比べる視点を考える

　比べるときには、何を比べるかが大切。あめ玉を配る時は数、身長を測る時は高さ（長さ）、荷物運びでは大きさや重さ、と目のつけどころはたくさん。比べる視点について考えてみよう。

> **手　順**

①表の筆記用具の例、視点 1 ～ 3 にならい、筆記用具の視点 4 を考えて書き入れる。
②グループで話し合って比べるものを決めて書き入れる。
③個人個人で、できるだけたくさんの視点を考えて、表に書き入れる。
④グループ内で結果の情報交換をし、比べるときの視点について話し合う。

比べるもの	視点 1/ 比べ方	視点 2/ 比べ方	視点 3/ 比べ方	視点 4/ 比べ方
筆記用具	長さ / 長い - 短い	太さ / 太い - 細い	手触り / ざらざら、つるつる、しっとり…	
比べる視点探しの感想				

発展ワーク

● 2：ならべてみよう

　ものとのかかわりのなかで、最も素朴な行為の一つが「ならべてみること」です。上の写真は、園庭の柿の木から、熟すことなく落ちてしまった青柿を拾って遊ぶ子どもたちの姿とその跡を捉えたものです。

　どのように感じますか？子ども達は、何を感じ、何を考え、なぜこのような行為をしたのでしょう。グループ討議の後に、並べることが遊びになる背景にあるものを、体験を通して感じてみましょう。

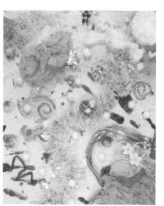

　体験17のようにペットボトルキャップなどの同じ「もの」を使い、関わり方を「ならべること」に限定してみてもよいですね。あるいは、右の写真のように、「コラージュ」という、貼って表す技法を使って、様々な質感の素材に触れ、その組み合わせを楽しむのも、感性を磨く体験となります。

コラム　ならべてはって楽しもう
- スーパーコラージュボードを使って -

　この幼稚園では、こどもたちがのびのびと表現を楽しむための援助のあり方について、研究を重ねています。豊かに表現する力を育むためには、技能にとらわれて苦手意識をもつことのないような自由な造形体験を重ねることが大切であると考え、貼って表現するコラージュボードを考案しました。ダンボールに強力な両面テープを貼って作るので、なんでもくっつく楽しいボードです。季節の素材集めや対話を楽しめ、互いの表現が見合える楽しいコーナーになっています。

習志野市立藤崎幼稚園
（4歳児クラス）

❦ 体験 18 紙と遊ぼう -新聞紙の可能性を追求する-

準 備：新聞紙を大量に用意する。（家庭に新聞がある比率が下がっていることに注意する）
新聞紙遊びの図版入資料の作成を事前課題とする。
「課題カード」の用意／トランプのようなカードを用意し、1枚に一行為を書く。
例：丸める、裂く、引っ張る、揉む、つなげる、隠れる、被る、着る、貼り合わ
せる、折る、形に切る、立てる、立体にする、濡らす、ちぎる、掃く、巻く、
投げる…
「情報センター」の設定／事前課題用紙を一箇所に集め閲覧できるようにしておく。
マスキングテープ・セロハンテープ・ホチキス・紙テープ・スズランテープ・ペン
類など」

手 順：チームに分かれ、新聞紙を囲んで座り、「課題カード」をひき、書かれている行為
を試みる。
グループで「新聞紙でできること」を発表する。
グループで協力するとなにができるかを話し合う。
グループで場所を選び、遊びや制作を考えて実際に取り組む。

できた棒の先を曲げて輪をつくると棒を
つなぐことができ、表現が広がる

木に見立てられる

山とロープウェイを表現している

子どもの新聞紙遊びの例（イラスト：槇）

● 1：紙の音を遊ぶ

準備：紙を用意する。できるだけ、様々な材質の紙を用意する。新聞紙、画用紙、厚紙、ティッシュペーパー、和紙など、私たちの身の回りには様々な紙がある。

手順：教室程度の活動スペースを確保し、参加人数分の椅子を1つの輪になるように並べ、内側を向いて座る。

表す 新聞紙まわし

音を聴くための耳をつくるウォーミングアップとして、新聞紙まわしのゲームをする。新聞紙を1枚取り、隣の人へ渡していく。その際、なるべく音を出さないように渡すようにする。参加者は、広げる、たたむ、つまむなど、どのように渡しても良い。紙のどの部分を持つかを工夫してみよう。最初の人まで新聞紙が戻ってきたら、そこでゲーム終了。

探す 紙から出せる音を探す・共有する

各自紙を1つ選び、席に戻って、その紙からどのような音が出せるかを探す。触る、さする、風を仰ぐ、丸めて叩くなど、できるだけたくさんの様々な音を探してみよう。

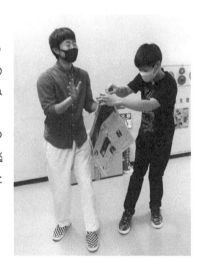

少し時間が経ったら、それぞれがどのような音が見つけられたかを共有しよう。その際は、小さな音も聴き逃さないように意識して聴き、音を鳴らす人は、見つけた音が良い響きになるように丁寧に鳴らそう。

表す 見つけた音で音楽をつくる

4〜6人程度のグループに分かれて、見つけた音で音楽をつくってみよう。

●音楽をつくるときのヒント

・繰り返しのパターンを活かす

・重ね方を工夫する

・強弱や速さを変化させてみる

・はじめ方と終わり方を考える

・歩く、しゃがむなど、体の動きを取り入れる

つくった音楽を、全体で共有してみよう。聴いた後、よさや面白さ、美しさなど、どのようなことを感じたかを全体で振り返ってみよう。

● 2：お花紙と紙テープの世界

発展ワークでは、いろいろな紙素材の魅力を体感しましょう。

感じる お花紙ふわふわ

準備：お花紙、うちわ、床に座れる空間と服装

手順：みんなでうちわを持って、床に置いたお花紙を浮かせる。1枚から始め、枚数を増やす、
　　　ちぎるなど、きれいに見える工夫をしよう。高く舞ったら、色合いを楽しもう。

表す お花紙を貼って重ねて

準備：お花紙、画用紙、液体のり（洗濯のりでも可）、水入れ、筆、
　　　手ふき

手順：①何色か選び、手で裂きやすい方向に切り、色別に設定しておく。
　　　②イメージしてどんな世界を表現できるか、重ねるなどして楽しむ。
　　　③お花紙と液体のりで何ができるか試みる。（丸めると楽しい）
　　　④画用紙に水で薄めた液体のりを筆で塗り、体験したことを
　　　　いかして、自由に貼り絵を楽しむ。

粘土の色付けもできる

ヒント：紙粘土作品の着色としてお花紙を貼る。最後に水で薄め
　　　　たのりかボンドを塗るときれいに仕上がる。
　　　　食材作りにも適している。
　　　　張り子の仕上げとしてお花紙を貼る。（お面や風船の張
　　　　り子等）

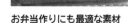

お弁当作りにも最適な素材

表す 紙テープとの対話

準備：紙テープ（棒に通しておくか一定の長さに切っておく ま
　　　たは色画用紙を細く切った紙帯）、画用紙、ホチキス、セ
　　　ロハンテープ、液体のり（洗濯のりも可）、綿棒、手ふき

手順：

　　　①画用紙の縁を紙テープの幅で折り、四隅をとめる。

画面全体にのりをつけて自由に表現

　　　②紙テープを手に取って、どんなことができるかを試行錯誤する。
　　　③きれいと感じた形をテープやホチキスでとめる。
　　　④紙テープの美しさをいかして画面を構成する。
　　　⑤綿棒を使って、液体のりで固定する。

ヒント：紙帯は、枠も作って組み合わせを楽しむこ
　　　　とができる。（学生作品参照）
　　　　保育場面では、身に付けるもの等、自由に
　　　　発想して作って遊ぶ姿が見られる。

幼児作品

学生作品

● 3：段ボールの変身

　紙素材で最も手応えがあるのがダンボールです。まずは切り込みを入れて高い塔を作ってみましょう。特徴がわかります。

　次に、写真を参考にいろいろ体験してみましょう。丈夫なダブル、丸めやすい片面など、多種類のものがあり、同じダンボール板でも、折れにくい向きと丸めやすい向きがあります。切る際にはダンボールカッター、穴をあけるのにはゴルフピンが安全で便利です。つなぐ時にはガムテープの他、穴をあけてひもを通すと丈夫になり、割ピンを使うと動きが楽しめます。ダンボール用の留め具も試してみて下さい。

角の補強にはコーナー
クリップが便利

ダンボールを切って素材として設定
しておくと活用の幅が広がる

１つの箱からカウンターが作れる！

カギ付きのマイホーム

割ピンでつくるマジックハンド

ダンボールカッターは、幼児でも 慣れると使いこなすことができ、遊びが豊かになる。
基地には見張り用の窓 、家には鍵が作られ、学びが「 言葉 」や「人間関係 」の領域に広がる。

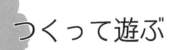

8 つくって遊ぶ

　動物や昆虫、自動車など、子どもは動く物に興味を示します。子どもが喜ぶ動くおもちゃも、たくさん製品化されています。モーターの力によって動いたり、ディスプレイ上でキャラクターが動いたり、動くおもちゃがあふれている、といってもよいでしょう。おもちゃが動くのは当たり前、と感じている子どもも多いのかもしれません。

　しかし、自分で作ったおもちゃが動いたらどうでしょうか。紙を切って折っただけのおもちゃがおもしろい動きをしたり、ゴムや風の力で想像以上の動きをしたりする場面を考えてみてください。子どもたちは動くことに不思議さを感じ、興味を持つのではないでしょうか。身の回りにあるものを利用して動くおもちゃを作り、動く不思議を十分楽しむことが、工夫する力、考える力につながっていきます。動く不思議を楽しむ環境はどうつくればよいでしょうか。一番大切なのは、まず保育者自身がおもちゃをつくり、動く不思議を楽しむことです。

体験 19 動く不思議を楽しもう

準 備：空の牛乳パックをよく洗って乾燥させておく。はさみとマジックペンを用意する。

感じる ゆらゆらとゆれる小鳥で動きを楽しむ

　牛乳パックを開いて口の部分と底の部分を切り取ります。真ん中から切って半分にします。折り目で折り、スイカをくし型に切った形になるように開いた方を丸く切ります。（折り目と反対に折った方が白くてきれいです。）これが小鳥の胴体になります。残っている材料から底辺4cm、高さ4cmくらいの二等辺三角形を切り取り、底辺の中心から1cm弱の長さの切り込みを2本入れます。2本の切り込みの幅は約1cmにします。これがくちばしになります。三角形のくちばしの切り込みを胴体に差し込み、胴体が大きく開かないようにします。目や羽を描いたら完成です。

　揺らしてみましょう。胴体のカーブの微妙な違いで、揺れ方が変わります。くちばしの位置や大きさを変えても揺れ方が変わります。

　小鳥ではなく何か他の動物や物に見立てて絵を描いてもおもしろいですね。

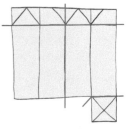

胴体

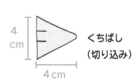
くちばし（切り込み）

1：ミニ空気砲をつくろう

感じる　簡単な空気砲をつくって遊ぶ

space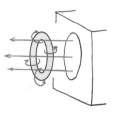

空気砲とは

　ダンボールの側面をポン、とたたくと、穴から急速に空気が吹き出す。その吹き出した空気の周辺の空気が、勢いよく出た空気に引っ張られてドーナツ状に外回りに回転する。回転する力で、たたいた時の勢いよく出た空気とは違って、ゆっくりした速度で、回転しながら輪が進む。この回転する空気が空気砲の正体。

材料を用意する

　空の牛乳パック（1リットル、良く洗って乾燥させておく）、テープ

ミニ空気砲をつくって遊ぶ

①注ぎ口を半分テープでとめ、口が開いたままになるようにする。(完成)
②まとをつくる。
　コピー用紙を2cm×7cmくらいの長方形に切り、先を1.5cmくらい折って立たせる。
③空気砲で的をたおす。
　●どれくらい離れて倒すことができるか
　●ローソクの炎は消すことができるか

遊び方を工夫する　DOWNLOAD 16

遊び方	感想

79

発展ワーク

2：コマをつくろう

工夫する 身近な物でコマをつくる

止まっているコマは倒れるが、回っているコマは倒れない。傾いても元に戻ろうとする。コマは、回るという動きで性質が大きく変わる。身近な物でコマをつくって遊んでみよう。

材料と道具を用意する

牛乳パックの底の部分（ゆらゆら小鳥で最初に切り取ったもの）、ペットボトルキャップ、つま楊枝、穴あけ用画鋲

回転による混色も楽しめるね。

牛乳パックでコマをつくる

①牛乳パックの底の部分を四角く切る。

②危険防止のため角を丸くする。

③中心に画鋲で穴をあけ、つま楊枝が入るように少し広げる。（×
　印の交点がほぼ中心。手を指さないように、つま楊枝がゆるく
　ならないように注意。）

④牛乳パックに好きな模様をかき、穴につま楊枝を差して完成。

ペットボトルキャップでコマをつくる

①ペットボトルキャップの円の中心を探す。（目分量でもできるが、気になる人はキャッ
　プの円周を紙に写して切り取り、円を半分に2回折ったときの折り目の交点を中心にす
　る）

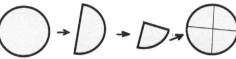

②キャップの中心に画鋲で穴をあけ、つま楊枝が
　入るくらいに穴を大きくする。

③キャップに好きな模様を描き、穴につま楊枝を
　差して完成。（差す方向は上からでも下からで
　もよいが、回り方は変わる）

遊び方をくふうする

DOWNLOAD 17

遊び方の工夫	気が付いたこと

● 3：ゴムパワーを感じよう

伸びると縮むゴムパワーは、遊びの中で体感し、やがて活用できるようになっていきます。

工夫する ヨーヨー遊び

①新聞紙遊びなどの後、大きなビニール袋に入れ、テープで形を整えて紙玉をつくって遊ぶ。

②ゴムひもで縛り、ひもを天井と床に固定しパンチング遊びを楽しむ。

③小さい紙玉をつくり、ビニールテープ等で飾り、輪ゴムを編むなどして、ヨーヨーつくりを楽しむ。

④お祭りの屋台をイメージして、ごっこ遊びに発展する。

絵の具遊びからの発展例

5歳児が考案したヨーヨー

工夫する とばして遊ぼう

①とばす玉（当たっても安全なティッシュ玉 等）に輪ゴムを付ける。

②輪ゴムがかかるようなもの（短いわりばしやストロー等）を芯材や箱に取り付ける。（写真右）

③飛ばし方に慣れたら遊び方を考える。

④的を工夫する。

⑤他に飛ばし方がないかを工夫する。

　　例1：とばす台に輪ゴムをつけて、とばす紙皿に輪ゴムがかかる切り込みを入れる

　　例1：トレーに輪ゴムをはめる（写真左）

　　例2：芯材やわりばしに輪ゴムをつける

入った玉が落ちるようにした
紙袋で作った的

5歳児の的作りの工夫

🖊コラム 　💧遊びで 育つ子ども達 - 写真から読み取れる育ちは -

　5歳児クラスが、とばす遊びを楽しんだ後に、お客さんを呼ぶことになりました。

　床を見て、先生は驚き、子ども達の育ちを喜びました。どんな育ちが読み取れるでしょう。

　「幼児期の終わりまでに育ってほしい姿」と照らし合わせて、話し合ってみましょう。

●発展ワーク●

● 4：磁石っておもしろい

　磁石は、いつも身近にあるというものではありません。幼児期に出合わなくてもよいかもしれませんが、必要感に応じてそっと出してみると、不思議さに心躍る機会となるでしょう。

工夫する　モールでつり遊び

　つり遊びは子ども達に大人気。魚の絵を描くのが難しい年齢でも、つりあげる楽しさを味わうことができるのがモールつり遊びです。

準備：ストローまたはわりばし、ひも、磁石、モール

　①モールをねじるとお魚のような形ができることを伝える。

　②モールでお魚や好きな形 をつくる。

　③テープ等で磁石とひもの端をつけ、反対の端をストロー等につける。

　④池に見立てた容器につくったモールを入れ、磁石でつり遊びを楽しむ。

工夫する　連結させよう

　電車が大好きな子ども達は、1両つくるともう1両つくって連結させたいと願っています。

準備：長い空き箱（ラップやはみがきの箱等 同じもの2個
　　　以上）カラーガムテープまたはビニールテープ）

　①長い空き箱の2つの角を、折ると列車の形になる長さだけ切り込む 。（図の青線）

　②横の面が列車の形になるように折り、上の面も折ってテープで固定する。

　③列車のイメージになるようカラーガムテープ等で装飾する。

　④車両を増やし連結部分に磁石を貼る。

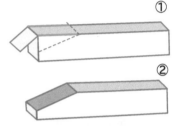
①

②

つかない向きがあることを発見！

コラム　やってみたいお店やさん

- クレーンゲームを作りたい

　子ども達がやってみたいお店やさんごっこは、時代と共に変化します。ショッピングセンターにあるゲームセンターをやってみたいという願いを受け止め、クレーンゲーム作りに挑戦しました。

　試行錯誤してあきらめそうになった頃に、先生が磁石の使用を提案しました。クレーンの動きも、箱の上から磁石で操作するので自由自在。クレーンには強力磁石が、カプセルにはクリップが付いています。

● 5：転がるって楽しい

　子ども達はボールが転がるだけでもわくわくします。自分で坂をつくって転がす遊びは、推理する力や工夫する力を養う機会となるでしょう。

キャップに穴をあける際、固いものは事前にあけておき、裏から再度穴をつぶしておくと、幼児でも調整がしやすい

工夫する　坂で遊ぶ

①机の脚の一方をたたむなどして坂をつくる。
②坂を動くものを 考えて転がしてみる。
③車輪を作り、箱等に取り付ける。
④坂で動くものをつくって遊びを考える。

キャップ　　ストロー　　竹串

ボールを転がすコース　　車を走らせるコース　　ひもで坂をつくると動く乗り物

坂をつくって遊ぶ

①牛乳パックを枠が残るように 2 つに切り分ける。
②他の牛乳パックは底をとって縦半分に切ってつなぎ、①を所々に使うと丈夫になる。
③壁やボードにテープやマグネットで 自由に取り付けてコースをつくり、穴を開ける、ゴールを作るなど、工夫する。

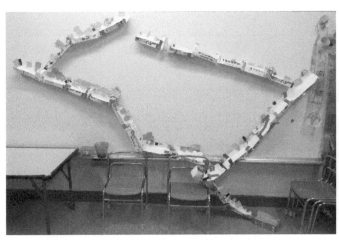
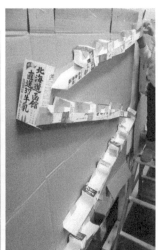

5 歳児が保育室に作ったコース　カプセルを転がすと音も楽しめる

🌱 体験 20 音のするものを作って遊ぼう

準備：それぞれの活動に必要な材料を用意する。

※材料が多岐に渡るときは、分担して持ち寄ろう。

手順：モノや楽器をつくる（人数が多いときは、グループに分かれて異なる楽器を作ってみよう）。完成したら、どのような行為の可能性があるか探ってみよう。そして、どのような遊びが生み出せるか考え、実際に遊んでみよう。

● 発展ワーク ●

● 1：糸電話をつくろう　糸電話で音のひみつを探る

工夫する 何を比べるのか - 比べる視点を考える

材料と道具を用意する

紙コップ（2個）、糸、3cm × 2cmくらいの厚紙（画用紙や牛乳パックの紙など）、画鋲

糸電話をつくる

①紙コップの底に画鋲で穴をあける。

②穴に糸を通す。（穴の真上に糸を合わせて画鋲で押すと反対側に出てくるので、それをすくいあげるとよい。）

③3cm × 2cmくらいの紙に切り込みを入れたものに糸の先端を巻き付け、糸が抜けないようにする。

④糸の反対側にも同様にして紙コップをつける。（完成）

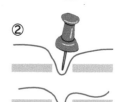

音のひみつを探る

DOWNLOAD 18

ひみつのありか	結果
糸の張り具合	ピンと張ると聞こえるが、ゆるめると聞こえなくなる
糸を手で押さえる	
どのくらいの長さまで聞こえるか	
糸ではなく針金で試す	

● 2：空気を使って

工夫する ペットボトル笛

材料と道具を用意する

ペットボトル、ストロー、はさみ、テープ

笛をつくる

①ストローを 4cm くらいに切る。

②ストローの先から 5mm 程度、切り込みを入れる。

③切り込みを入れた部分を半分だけ切り落とす。

④切り込みを入れた部分をペットボトルの飲み口に貼り
　付ける。

工夫する 手作りカズー

　カズーは、アフリカで生まれのちにアメリカに持ち
込まれた楽器です。吹くというよりは歌ったり喋った
りすることで表現します。

材料と道具を用意する

水のホース、ペットボトル、輪ゴム、レジ袋、はさみ、
セロハンテープ、厚手のテープ

カズーをつくる

①ペットボトルの飲み口側の上部を切り取る。

②ホースを切り取り、さらに一部分に 1cm 四方の穴を開ける。

③その穴を、レジ袋で閉じてテープで上下左右を止める。

④ペットボトルの飲み口にホースを差し込み、厚手のテープで留める。

● 3：モノが触れ合う音・振動する音を使って

工夫する 手作りレインスティック

　レインスティックは、アフリカで生まれたとされる民
俗楽器です。本来は、乾燥して筒のようになったサボテ
ンの内部に、サボテンのとげや針を入れてつくります。
雨や風などの日常の音を表す楽器です。

材料と道具を用意する

ラップの芯、蓋をするための画用紙や厚紙、中に入れる
小さい豆やビーズ、スパンコールなど、押しピン、つまようじ

● 発展ワーク ●

レインスティックをつくる

①芯の外側を、斜めの方向に上から下に向けてぐるぐると 5mm 間隔で穴を開ける

②開けた穴につまようじを芯の向こう側にあたる程度まで入れ、はみ出した部分はハサミで切る

③芯の片方に、厚紙などを貼り付けて蓋をする

④芯の中に、小さい豆など音を鳴らすものを入れ、芯のもう片方も蓋を付ける

⑤子どもの興味に応じて、外側を装飾しよう。大きめのレインスティックを作りたければ、画材店などでポスター用の筒を入手するとよい

どんな感じの音か話し合おう。

工夫する 手作りギター風弦楽器

ギターのような弦楽器は、弦が振動することで生まれる音を、円でくりぬいた箱状の胴体内で増幅させる仕組みでできています。シルクロードを通じた交流により、世界中にギターに類似した弦楽器が存在します。

材料と道具を用意する

空のティッシュペーパーの箱、細長い箱（ラップの箱など）、輪ゴム、つまようじ、はさみ、瞬間接着剤

ギターをつくる

①２つの箱を接着剤で付ける。

②細長い箱の先端につまようじを山になるように接着し、さらにティッシュペーパーの箱の穴の端につまようじを１つ接着する。

③両端に切った輪ゴムを貼る。

④穴の空いたところを右手で弾く。左手で細長い箱の部分の輪ゴムに触れると、音の高さが変わる。

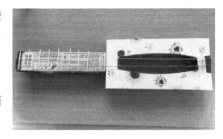

工夫する 手作り小太鼓

太鼓は世界中にみられる楽器の形態で、筒に膜を張り、振動させて音を出す仕組みです。様々な大きさの太鼓があるほか、鳴らし方も手やバチなど様々なやり方があります。

材料と道具を用意する

ガムテープの芯（他の芯でもよい）、ゴム風船２つ、輪ゴム、割り箸、中に入れるビーズなど

小太鼓をつくる

①ゴム風船を、吹く部分から１〜2cm のところを切る。

②ガムテープの芯にゴム風船を装着し、隙間から空気が漏れないように輪ゴムでくくりつける。

手作り小太鼓

③芯の中に、中に入れるものを入れる。

④芯の反対側に、切ったゴム風船で芯をかぶせて閉じる。

⑤割り箸を割り、先端にビニールテープを巻きバチをつくる。

作った楽器の音を試す

音の出し方の工夫	生まれる音の変化
例 . 強さを変える (吹く息、弦を弾く速さなど)	

コラム　　楽器の源

　なぜ人間は楽器を作り出したのかは、未だ大きな謎に包まれていますが、集団生活をする上で必要な営みとしておそらく音を出すという行為に特別な意味や役割を見出し実践する中で、音を生み出すことに特化したモノを作ろうと考えたのだろうと想像されます。

　民俗音楽学者のザックスとホルンボステルは、世界中の楽器を、音の鳴るしくみによって次の5つに分類しました。

体鳴楽器	膜鳴楽器	弦鳴楽器	気鳴楽器	電鳴楽器
本体が振動する楽器	開口に張った膜が振動する楽器	弦の振動によって音を出す楽器	発音源から出た音を空洞内で共鳴させ音を出す楽器	電気を利用して音を出す楽器

　楽器は、長い歴史のなかで、人の移動によって遠くの土地へ伝えられていきました。例えば、今日では当たり前のように存在するギターの由来は、西アジアのウードにあるといわれます。また、〈さくらさくら〉やお正月にTVなどでよく流れる〈春の海〉を演奏する日本の箏は、朝鮮半島ではカヤグム、中国漢民族では古箏、ベトナムではダン・トランというように、形も音の鳴らし方も類似した楽器が存在します。

　今日、我々の生活を取り巻く音の多くは、エレキギターのような電鳴楽器やパソコンで作った音楽による電子音です。一方で、ほんの1世紀前まで、我々を取り巻く音のほとんどは生の楽器による音でした。100年後、我々の世界ではどのような音が鳴り響いているかは、私たち自身がどんな音楽を愛好しているか、どのような音を環境に求めていくかによって決まっていくでしょう。我々が歴史の中で生み出してきた多様な楽器という財産をどう受け継いでいくか、考えてみることに価値はあるはずです。

🌱 体験 21 自然物を使って遊ぼう

手順：自然物遊び3つの内の1つをする。遊んだ感想について意見交換をする。

クローバーの葉を見つけると、よつばのクローバーを探したくなります。お気に入りの花をつんで髪や胸のポケットに差し込み、アクセサリーにします。ササの葉やツバキの葉で草笛を作って鳴らします。野外には、たくさんのおもちゃが隠れています。

感じる　砂場で棒倒し

砂、または土で山を作り、頂上に小枝を立てます。じゃんけんで順番を決め、下の方から順に砂をすくいとります。小枝を倒した人が負けです。

表す　石のアート

小石をいくつか拾ってきます。拾ってきた石に油性ペンで、顔、動物、魚、模様など自由に描いていきます。

気付く　オオバコ相撲

オオバコの花茎をからませ、合図とともに引っ張ります。切れない方が勝ちです。

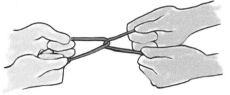

自然物を使った遊びを調べて、遊んでみよう　　　　DOWNLOAD 20

材料・作り方・遊び方	注意すること・コツ・遊んだ感想

1：草花遊びのいろいろ

感じる　草笛

①ササの葉で
両手を合わせた親指の間に葉を挟む。すきまから勢い
よく息を吹き込む。
葉をピンと張るのがこつ。

②ツバキの葉で
柔らかい葉をとり、6mm位の太さに巻く。巻いた一方の端を軽くつぶし、
口にくわえて吹く。

③タンポポの茎で
茎を切り、花や種を切り取ってストロー状にする。
吹き口をつぶし、口にくわえて吹く。

感じる　タンポポのブレスレット

花の咲いたタンポポを採り、くきを2つに割る
腕に回して結ぶ。（友達に結んでもらう）

感じる　ねこじゃらし（エノコログサ）で遊ぶ

花穂（しっぽのような部分を取り、軽くにぎったり緩めたりすると手の中で自然に動く。
また、花穂を空き箱の上に置き、箱を指で軽くトントンとたたくと、花穂が歩き出す。
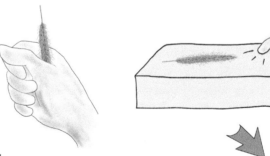

気付く　ひいらぎの風車

ヒイラギの葉1枚の一番幅の広い部分のとげを　指で軽く
押さえ、息を吹きかけて回す。

89

●発展ワーク●

● 2：木の葉や木の実を使って

大学のキャンパスや公園で、いろいろな木の葉や実を集めてみましょう。グループで持ち寄り、じっくり関わってから、表現遊びを始めましょう。

5歳児のドングリでの遊び

気付く 仲間探し

準　備：戸外であればレジャーシート、室内では模造紙等を敷く。

①形で分けよう→植物の種類が同じかもしれないので、図鑑で調べてみよう。

②手触りで分けよう→目を閉じて触れてグループ分けしてみよう。

　　　　　　→発展 グループの手触りを擬音で表してグループ名にしよう。

③色で分けよう。→カラーチャートで似ている色を探そう。 →発展 絵の具で色を作ろう。

表す 見立て遊び

準　備：集めた木の葉は押し葉にし、実は干して虫が出ないのを確かめる。

①グループ内で順番に木の葉や実を組み合わせるなどして、「～みたい」と伝え合う。

②お気に入りの見立てから作品作りをする。

③作品のイメージや感じたことを発表し合う。

工夫する 秋のお魚つり

準　備：OPPテープ、はさみ、モール（ビニタイ）、ひも、穴あけパンチ、じしゃく

①クリアーファイルやカッターマット等の上に木の葉を魚に見立てて置き、上からOPPテープで貼り取り、裏にもOPPテープを貼ると簡易ラミネートになる。形に合わせて切る。

②シール等で装飾し穴あけパンチで穴をあけ、ビニールタイやモール等を通して輪にしておく。

③戸外で枝を拾い、小枝を払い、手触りがよくなるようにして釣り竿をつくる。ひもは編むなどして太めにすると絡みにくい。

④ブルーシートを持参すると戸外に池を設定できる。

モールの先を曲げるか磁石をつけよう

90

表す マイツリー物語

準　備：クラフト紙（リサイクルの角 2 封筒でも OK）、ボンド、
　　　　ガムテープ

手　順：

　①キャンパスや公園内を散策し、マイツリーを選ぶ。

　②その木にもし顔があったとしたらどんな顔なのかを想像する。

　③紙を手でちぎるか、紙の縁を折るなどして輪郭作りをする。

　③周辺に落ちている自然の材料で顔を作る。

　④ガムテープを輪にして木に顔を付けて話しかけてみる。

コラム　自然物で表すために…

　同じ教室内に自然物が 2 ヶ所設定してありました。
どこが違うでしょう？

①

（習志野市立
　藤崎幼稚園）

②

　①には名前が表示され、近くには図鑑があります。何の実かなと
思ったら、調べることができます。

　②には文字はありません。両側から見て、手で触れて発想することもできますし、分類されているので、作りたいものに合う素材も探しやすいでしょう。こちらは造形用の設定です。

　感じて表すためには②がよいですし、植物や文字への関心を引き出すには①が適しています。このように設定によって、促されるものが違うことを再確認しましょう。また、自然物はその場で表現を楽しみ、元に戻すのもよいですね。写真を撮って残したり、撮った写真を素材にすることもできます。保存したい時には、押し葉にしておく、表面に透明ニスや水で薄めたボンドを塗っておくなどすると、色合いが長持ちします。立体の場合は、グルーガンを使うと表現の幅が広がります。手元にスイッチのあるテーブルタップを使いましょう。

9 伝え合うことを楽しむ

　コミュニケーション力は、保育者にとって、とても大切な資質・能力です。保育者間や保護者とのコミュニケーション力は、経験を重ねることで伸びていくことでしょう。ところが、子ども達と思いやイメージを伝え合う力は経験によって伸びていくとは限りません。

　成長と共に言葉によるコミュニケーション力は豊かになりますが、言語の獲得途上にある乳幼児期は、「ノンバーバルコミュニケーション」によって世界を理解し、自分の思いやイメージを伝えようとしています。「こうやるもの」「こういうもの」というイメージを豊かに蓄えることが、言葉の獲得にもつながります。保育者は、まなざしや振る舞いや描画等を受け止める感受性と子ども達に伝わりやすい表現方法で伝える力を高める必要があるでしょう。言語以外の媒体による伝え合いを体験し、言葉による伝え合いも楽しみながら、表現力を磨いていきましょう。

体験 22 思いやイメージを伝えよう

準 備：各グループでくじ引きを2つ作る。それぞれ「テーマ」「表現方法」と封筒に書き、長く切った紙の端に下の表を参考にA〜Gを書き、封筒に刺しておく（他の方法でも良いので工夫しよう）。
　　　　封筒2×グループ数、コピー用紙（人数＋2枚）、折り紙（多色）カラーペンやクレヨン（グループ数）

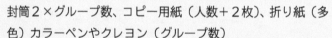

手 順：5〜7人でグループを作り、グループ内で表現方法に親しむワークを行う。
　① リーダーが手のひらで水をすくうポーズをして右隣の人に水を渡す。
　② 1周したらリーダーが渡すものを宣言して（ボール、氷、イライラ等）1周する。（気持ちがほぐれるまで適宜繰り返す。）
　③ リーダーが手のひらのポーズ（A）で今日の天気を表す。
　④ 次の人が異なる表現方法（B〜G）で順に天気を表し表現方法を確かめる。
　⑤ くじびきをする。（リーダーが「テーマ」を引いてメンバーが「表現方法」を引く、全員が両方から1つずつ引く等やり方を考える。）
　⑥ 準備の時間を数分とった後、順に発表する。（具体的なテーマを口頭では伝えず、クイズ形式にし、伝わったら拍手をする。）
　⑦ 発表後、全員で振り返り、自己課題を確認する。

	A	B	C	D	E	F	G
テーマ	（幸せ）	（年齢）	（喜怒哀楽）	（自然現象）	（昆虫）	（動物）	（自由）
表現方法	手のひらのポーズ	体のポーズ	動き（体やコピー用紙を使って）	音（体や机、紙、文房具を使って）	色（折り紙を数枚選んで示す）	線（コピー用紙に線を描く）	形（コピー用紙を自由に加工する）

● 1：とびだすカードで伝えよう

　言葉以外に思いを伝える方法に、プレゼントがあります。幼児教育では、お祝いやお礼にプレゼントをつくる活動が行われることがあります。入園してきた子ども達や、昔の遊びを教えてくれたお年寄りの方達になど、様々な場面がありますが、伝えたい思いをもち、受け取った相手が喜ぶことを想像してものづくりを行うことは、視覚伝達デザインの基本的な体験となります。指導場面が、美しさを探求する機会となるよう、実際につくり、色や形による表現力を高めましょう。

準備：筆記用具、はさみ、カッターナイフ、カッターマット、
　　　のり、試作用紙、色画用紙（多色）、折り紙等
①とびだすカード・絵本の作品例を見てイメージをもつ。
②簡単なしかけを試作する。（折り紙を半分に折って2種類
　作る。）

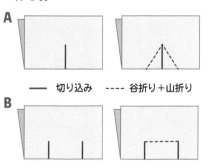

── 切り込み　　---- 谷折り＋山折り

折り目から内側に折り込む

Aの発展例

Bの発展例
スパッタリング技法（p.62）によってあたたかさがより伝わる

③各自でインターネット等を使って複雑なしかけ等についても調べ、構想する。
④伝えたいことと伝えたい相手を決め、ねらいに合った色の紙を選び、計画を立てる。
⑤思いが伝わり、美しく仕上がるよう工夫してつくる。
　（自分らしさやイメージを表すのに体験14-2表現技法を使うとよい。）
⑥完成したら、伝えたいことやそのための工夫等を発表する。

学生作品

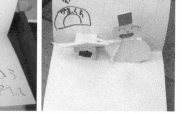

5歳児のカード作品

2：伝え合う遊びを楽しもう

　言葉以外でも多くを伝え合う幼児期は、一方で、文字に親しみ、楽しみながら言葉を様々獲得し、言葉で伝え合う力を育む時期でもあります。保育にも取り入れることができる様々な遊びを体験してみましょう。

> 5歳児のカルタに「キリンが 木 にぶつかった 気絶した」というのがあったよ！

工夫する カルタをつくって遊ぶ

①八切画用紙を4分の1に切り、丸い型を使って○を描いておく。

②テーマを決める。（「実習カルタ」、「生き物カルタ」、「絵本カルタ」など。）

③五十音を分担し、絵札の○に文字を入れ、読み札は文字数の目安を決めておく。

④絵札は自由画でもよいが、コラージュ（貼る技法）やスタンプ等 に限定してもよい。

④各自で仕上げて持ち寄り、大会をひらく。

⑤どんな学びにつながるかを振り返る。

工夫する すごろくをつくって遊ぶ

①5〜8人のグループをつくり、テーマを決める。

②模造紙大の用紙を広げ、マスを配置して数を決め、どんな内容にするかを話し合い、スタートやゴールも含めて分担する。

③それぞれに描いたマスを持ち寄り、配置し、マスキングテープで線を足し、マスの間をシール 等で補い、楽しく遊べるように工夫してつくる。

④コマやサイコロは既成のものでもよいがテーマに合わせて つくると楽しい。

コマは乳酸菌飲料 容器 、サイコロは 牛乳 パックで作り絵本を テーマに した例↓「○○になる」のマスが人気！

工夫する 迷路をつくって遊ぶ

① A4用紙に右図のような線を描き、縦半分に切ってつないで芯材に巻くと迷路になる。

②○の中に、嫌いなものや苦手なものを描き、「どっちの道を行く？」と聞いて行き止まりに当たらずゴールできるまで遊ぶ。

③迷路の線を自分で描く、スタートからゴールまでを物語にするなど発展させる。

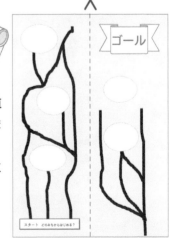

ゴール

● 3：「旗」で伝えよう

領域「環境」の保育の内容の中には、「保育所内外の行事において国旗に親しむ」という項目があります。（保育所保育指針、幼稚園教育要領）具体的にどのようなことなのか考えてみましょう。

旗の役割を考える

DOWNLOAD 21

旗は目印やシンボルです。身の回りにはどのような旗があるのか、リストアップします。

旗の種類	旗の目的

なぜ国旗に親しむのか考える

国旗に親しむことに、どんな意味があるのか話し合います。

自分の考え	話し合いの概要

どのような機会をとらえればよいのか考える

「保育所や幼稚園の行事－国旗」で思い浮かべるのは運動会の万国旗でしょう。万国旗から国旗に興味を持ち、世界の国旗について調べたり、好きな国旗を探したりすれば、国旗に親しむことができます。また、その中で、世界にはたくさんの国があることや、私たちとは違うところがある、いろいろな人たちがいることに気付くことができるでしょう。

運動会以外に、国旗と親しむ機会はあるでしょうか。考えてみましょう。

体験 23 発表しよう

準備：発表する空間、時間、準備期間を計画して確保する。

手順：自分たちがやりたい（見てもらいたい）ことを、自分たちで考えることが大切です。

①自分たちがやりたいことを話し合う。（季節、イベント、生活経験などを踏まえて）

②自分たちがやりたいことをみんなで理解し、納得する。

③やりたいことを他者に伝えるための発表のやり方とみせ方を考える。

④見てもらう準備をする。演奏や劇は、試しにやってみて試し、どうすればよりよくできるか考えてみる。

⑤見てもらう。披露、上演する。

〈みんなでやること〉

　一人でできないことをみんなでやることによって、様々なことが可能になります。一人ではできない音楽表現、一人ではできない造形表現、一人では気付けなかった環境との出会い。みんなでやること、経験することによって、人は世界の見え方が変わる経験をします。また、みんなでやることは、自分にできないことを知り葛藤を生んだり、他者との違いを知ったりすることにもつながります。一人だからこそできることも分かります。

〈何を見せるのか〉

　表現を「発表」するというと、その準備は、練習を重ねるイメージを持つ人が多いでしょう。ただし、幼児教育での発表は、そうした中学・高校の部活動のような「練習」ではなく、日常での子どもの主体的な表現のありようを、いつもはその場にいない誰に見てもらい、その経験を共有することが理想的なあり方です。

　そもそも、演奏家や役者、画家といったプロの表現者は、自分の表現の理想をひたすらに追求した結果評価されているのであって、誰かに見てもらうために練習しているのではないでしょう。「発表を見にくる誰かに見てほしい」という子どもの思いを、「いい発表を見せたい」という大人の思いにすり替えていないか、気を付ける必要があります。

● 1：即興的な表現を披露しよう

表す 「はい、そして」 みんなでつくる物語

　全員で輪になり、「はい、そして」でつなげる物語を作る。参加者以外の架空の第三者を主人公として名前を付け、物語のタイトルをみんなで決めてから、即興的に物語を作る。「はい、そして」の言葉によって隣の人につないでいく。1人リーダー役を決め、リーダー役がタイトルを数回読んだ後、最初の一文を作って話しスタートさせる。次に、リーダー役の右側の人が、その続きを「はい、そして」で始まる文章を作って物語を進める。そのやり方で、輪の順に話を進めていく。リーダー役は、物語の内容が急に展開したり、大きく脱線したりするのではなく、話が少しずつ積み重ねられていくように全体を誘導する。全体の話の筋が

通った、うまくつながった物語がつくられるようにみんなで協力する。全員が話した後は、誰が物語を終えてもよく、終わらない時は予め決めた時間がきたら終わるようにする。

表す　集団彫刻

　全体を2つのグループに分け、1つは外側を向いて輪になって座り、もう1つは1つ目の輪の外側を囲むように輪になる。外側の円は彫刻家、内側の円は粘土となる。外側の人は、30秒で内側の向き合う人を彫刻する。時間が来たら、外側の円の人はぐるっと回って内側の彫刻の様子をみる。先ほど自分が作った彫刻の次の人のところまで来たらそこで止まり、今度はその彫刻に対して、ほんの少しの付け足しの修正をする。そうして、最初に担当した人に戻ってくるまで回りながら、全体で集団彫刻を作り上げる。

　より高度な集団彫刻を作る時は、外側の円の彫刻家の数を減らすか1人とし、内側の円の人を、手をつながせたり座らせたりするなどして、一つの彫刻を作りあげることもできる。その際は、安全に十分に注意したい。

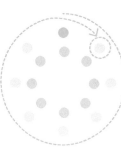

❶外側のグループは内側を向き、内側のグループは外側を向いて座る。外側の人は、内側の人を彫刻する。

❷外側の人は、ぐるっと回って彫刻を見て、自分が作った彫刻の隣の彫刻に付け足しの修正をする。最初に担当した彫刻に戻るまで続ける。

参考　※12：キャリー・ロブマン＆マシュー・ルンドクゥイスト『インプロをすべての教室へ　学びを革新する即興ゲーム・ガイド』　新曜社（2016）

※この体験ワーク1は、以上の参考文献から参照しています。

コラム　💧 幼児にとって発表とは

　子どもは、作ったものや見つけたもの、自分の表現を他者に見てもらうことを期待しています。園で過ごしていると、子どもの「見て」「見てて」という言葉によく出会います。この言葉には、保育者に対する援助の求めや、独占したい気持ち、他の子どもの関心の惹きつけなど、様々な意味が含まれています。幼児期の子どもは、他者のまなざしを求めています。

　子どもの表現は、誰かに見られることを意識する中で、変化していきます。子どもは、他者に表現を肯定的に受け止めてもらうことで自尊心を高めたり、逆に予想外の反応を受けて自分を省みたりします。子どもの表現が社会的なつながりの中におかれる「発表」は、楽しい出来事であるだけでなく、大切な成長の機会です。

●発展ワーク●

● 2：創作して演じよう

造形表現からイメージを広げ、言語や音楽表現に
広げてペープサートで演じる体験をしてみましょう。

目玉シールは市販品も
あるけど、大きさの
違う丸シールを重ねて
貼ると作れるね！

表す　キャラクターをうみだしてプロフィールをかこう

スチレンスタンプでつくる

・スチレントレー（リサイクル）を好きな形に切り抜き、
　鉛筆で点や線を描き、スタンプをつくる。
・1枚の紙から冊子をつくり、各ページにスタンプし、プ
　ロフィールや物語を想像して書いていく。
・スタンプ台をつくる場合は、絵の具をはじかないよう中
　性洗剤を絵の具に加える。

こすり出し（フロッタージュ）からイメージする

・コピー用紙と全芯色鉛筆を持って環境内の凸凹
　を探索し、素材を集める。
・フロッタージュの素材からイメージして形に切
　り抜く。
・必要に応じて目玉シールを活用する。
・プロフィールを考える。（名前・年齢・住処・性格・
　特技…）

ロボット・ウォーリー！
555歳でまだ子ども

ニタくん、7歳！
楽しいことが好き！

手のポーズからイメージしてつくる

・手のポーズを作り、何かに見立てられるかを探索する。
・生き物に見立てられたら目玉シールを貼る。
・向きやポーズを変えて 写真を撮り、印刷する。
・印刷した写真を切り抜き、プロフィールを考える。
（名前・年齢・住処・性格・特技…）

牛犬くん、3歳
渋谷在住、特技
はネイル！

きょろりちゃん、
おしゃれが大好き
で今日は赤い靴！

自然物（葉っぱ・石・実からイメージする

・散歩で拾ったお気に入りのものを見立てる。
・見立てたらシールやペンを使ってイメージを形にする。
・プロフィールを考える（名前・年齢・住処・性格・特技…）

カビネズミ、
あきっぽく、
においに敏感！

グループ内でキャラクターを紹介し合う

・自己紹介を行い、互いに質問をしてキャラクターをより明確なものにする。

ぱーちゃん、
3歳、
明るい子！

表す　キャラクターの背景を考えて物語をつくろう

好きな方法でキャラクターをつくり、問いかけに答えながら物語をつくろう。

キャラクター（つくって写真を貼ろう）	問いかけ	おはなし
プロフィール	①あなたは誰（何）？	①
	②どんな特徴があるのですか？	②
	③さて何をしますか？	③
	④それ（そこ）は何（どこ）ですか？	④
	⑤それでどうなりましたか？	⑤

表す　キャラクターをペープサートにして物語をつくろう

ペープサートは板状の厚紙かダンボールに棒を付け、棒を持って動かして演じるものなので、ワークでつくったキャラクターをそのまま貼ってつくることができる。

ペープサートは、上下左右に揺らすなどの動きによって演じることができ、裏返すことで、表情やキャラクターを変えることができる。棒を持って対話をすることで物語が生まれる。

表す　紙コップでつくって演じてみよう

紙コップの底を途中まで切り、立てて顔にして主人公をつくってみよう。

表す　スチロール球でつくって演じてみよう

スチロール球に首管を付け、人形を作ってみよう。布で服をつくると本格的な人形になる。

表す　衣装と被り物をつくって演じてみよう

ビニール袋を使って衣装や被り物、履き物をつくってキャラクターになりきってみよう。動きや踊りを生み出すことや音を探して話の流れに合わせて奏でることもできる。

● 発展ワーク ●

● 3：ごっこ遊びの広場をつくろう

どんな広場をつくるかを話し合い、やってみたいショップを考えてみましょう。商店街、遊園地、まちなど、子ども達にとって身近な環境をごっこ遊びで再現し、体験を通して子どもにとってどんな学びがあるかを考察しましょう。

表す　WEB図をかく

テーマを決め、中央に記入して、連想したものを次々書いていく。グループ単位で取り組むショップが決まったら、次はそれを中心にしたWEB図を書き、必要な材料を書き加えるようにすると準備に移行しやすい。

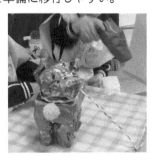

ペット屋さんのWEB図（幼稚園での実践例）

探す　物的環境を用意する

各グループで、材料と用具を準備し、遊びに必要な環境を創作する。同じものを量産する作業にならない工夫をする。完成した形ではなく、関わりが生まれる場になるよう発想をひろげる。例えば、ペット屋さんでは、売買より、美容室や動物病院、ドッグランの併設への展開を考える。

工夫する　必要感からルールや環境を考える

広い会場でシミュレーションを行い、お金や値段の設定や持ち帰り方、レジや制服、看板、メニューなど、必要感に応じてルールや環境を整えていく。全てを計画し、計画通りに行うと「遊び」ではなくなるので、次々発想し、おもしろさを追求する過程を楽しむ。お金はキャップなどを使ってでもよいがカードやスマホをつくることも考えられる。

表す　役割を演じて遊ぶ

グループ内をショップ担当とお客さん役に分け、時間を決めて交代し、全員が両方を体験する。終了後に振返り、園で実践する際の課題を検討する。

> ショップの例：回転寿司・お化け屋敷・ピザ屋・ケーキ屋・カフェ・コンビニ・靴屋・おしゃれ屋・鉄道・ダンスショー・ふれあい動物園・水族館・迷路・ゲームセンター・宅配便・射的・金魚すくい・お面・アイスとタピオカ・クレープ屋等

10 社会とつながる -ICT の活用 -

ソサエティー 5.0 って何ですか

学習指導要領の改訂に伴い、2020 年度から、小学校ではプログラミングの学習が本格的に始まりました。また、「令和の学びのスタンダート」として、GIGA スクール構想の実現へ向けて動き始めています。さらに、ソサエティー (Society)5.0 の社会の到来だといわれており、プログラミングに関する遊びを取り入れる幼稚園も、少しずつではありますが現れてきています。

これからの保育者は、プログラミングやタブレット、ICT を活用したアニメーション等、積極的に取り入れる力が必要になってきます。

keyword
ソサエティー 5.0(Society5.0)

狩猟の社会を Society1.0 とします。農耕の社会が 2.0。工業の社会が 3.0。情報の社会が 4.0。新たな社会 Society5.0 では、AI やビッグデータなどを活用して、経済発展と社会問題の解決を両立させていきます。

体験 24 プログラミングに親しもう

準 備:「お出かけのしたく」プログラムをいくつかつくる。

つくったプログラムに従い、絵や人形等を使ってシミュレーションする。

体験の感想について、意見交換をする。

プログラミング（コーディングともいいます）は、コンピュータの作業の手順書をつくることですが、プログラミング教育では、その方法を子どもたちに教えるということではありません。プログラミングの考え方を理解して日常生活に活用していったり、身の回りの機器にはプログラミングされたものがたくさんあることに気付いたりすることをねらっています。

● 1：プログラミングの考え方を知ろう

気付く　お出かけのしたくのプログラミング

お出かけのしたくを例にして、プログラミングの考え方を体験してみましょう。一口にお出かけのしたく、といってもたくさんの内容がありますが、ここでは次の 6 つの作業に限定します。

A　パジャマを脱ぐ	B　シャツを着る	C　帽子をかぶる
D　上着を着る	E　上着のポケットにハンカチをいれる	F　バッグを肩にかける

いよいよプログラミングです。

●発展ワーク●

【プログラム１】始→Ａ→Ｂ→Ｃ→Ｄ→Ｅ→Ｆ→終 で無事お出かけのしたくが完了です。【プログラム２】始→Ａ→Ｂ→Ｃ→Ｆ→Ｄ→Ｅ→終 では、どうでしょうか。

シミュレーションしてみましょう。まずパジャマを脱ぎます。 次にシャツを着て帽子をかぶり、バックを肩にかけます。そして上着を着てポケットにハンカチを入れます。どうでしょうか。バックの上に上着を着る形になってしまってうまくいきませんね。【プログラム３】始→Ａ→Ｂ→Ｄ→Ｅ→Ｆ→Ｃ→終 はどうでしょうか。Ｂシャツを着るまでは【プログラム１】と同じです。上着を着てポケットにハンカチを入れ、バックを肩にかけ、最後に帽子をかぶります。これも【プログラム１】と 同じようにお出かけのしたくが完了しますね。【プログラム１】と【プログラム３】を比べてみましょう。【プログラム１】では、先に帽子をかぶっています。 帽子をかぶった後に、上着を着てバックを肩にかけるプログラムになっていますから、帽子がじゃまですね。どちらもお出かけのしたくは完了しますが、【プログラム１】より【プログラム３】の方が優れているといえますね。

似ているプログラムでも一つ違うだけで、思った通り動作しない、不具合が出やすいなどが生じます。無事お出かけのしたくができるプログラムは他にもつくることができます。新しいプログラム【プログラム４】、【プログラム５】を考えてみましょう。

お出かけのしたくのプログラム						
例【プログラム１】：始－Ａ－Ｂ－Ｃ－Ｄ－Ｅ－Ｆ－終						
【プログラム４】：始－ － － － － － －終						
【プログラム５】：始－ － － － － － －終						

私のお気に入りは、プログラム ☐

理由は

お着替えプログラムを作ってみた感想

プログラムができたら、絵や人形などでシミュレーションし、実際には不可能なプログラムになっていないかどうか確かめます。これは、コンピュータのプログラムを作る際には大変重要な作業です。プログラムをつくってみた感想を話し合ってみましょう。

● 1：プログラミングを体験しよう

工夫する　スクラッチに挑戦する

スクラッチとは

　ウィキペディアによると、「Scratch 財団がマサチューセッツ工科大学（MIT）メディアラボ ライフロングキンダーガーデングループ（MIT Media Lab Lifelong Kindergarten Group）と共同開発する、8 〜 16 才のユーザーをメインターゲットにすえた無料の教育プログラミング言語及びその開発環境である」とある。一般的にプログラム言語は英語のような言語の形をしているが、 スクラッチは子どもが操作できるように、「10 歩動かす」「 30 度回す」などの簡単な言葉 と図形によってプログラムを書けるようになっている。

スクラッチを体験しよう

①コンピュータをインターネットに接続させ、スクラッチのサイト（https://scratch.mit.edu）にアクセスする 。「スクラッチ」を検索してもたどりつける。

② 作ってみよう をクリックする。

Scratch HP

③最初は下の例で試してみる。

　○「チュートリアル」を消し、「イベント」を選ぶ。

　○ が押されたとき を左の箱から 真ん中へドラッグする。

　○「動き」を選び、 10 歩動かす を「 が押されたとき」の下にドラッグしていき、接続させる。

　○上の方にある の、緑の旗をクリックするとプログラムがスタートし、スプライトの猫が 10 歩前に進む 。

④「10 歩」を「20 歩」にしたり、命令をつけ足したり、他の命令に変えたりなどして、いろいろなプログラムをつくって試してみる。

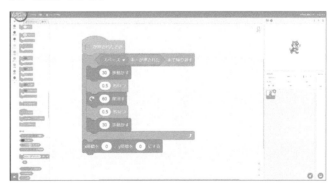

プログラミングについて話し合ってみよう

　体験してみた感想や、教育に活用できそうか、等自由に話し合う。

●発展ワーク●

● ２：プログラミング ロボットで遊ぼう

工夫する　プログラミングロボットで、プログラミングを体験する

プログラミングロボットのおもちゃ

　プログラミングによってロボットの動きをコントロールできるおもちゃが多数販売されるようになってきた。「４歳から」と表示されているおもちゃもあり、スクラッチが使えない子でもプログラミングロボットのおもちゃで遊びながら、プログラミングを体験することができる。

ロボット名	メーカー	対象年齢	価格の目安
プログラミングロボ コード A ピラー	フィッシャープライス	３〜６歳	4,000 円〜 6,000 円
コーディング・ロボット クリス	ボーネルンド	５歳頃〜	16,500 円
はじめての プログラミングカー	学研ステイフル	３歳〜	5,000 円〜 6,000 円

　「はじめてのプログラミングカー」は３歳〜となっているが、６歳以上が妥当だと思われる。 難易度が高く、大人でも楽しめる。
　「コード A ピラー」が一番簡単で、４〜５歳児でも遊べる。 大人には物足りない。
　「クリス」は完成度が高い。 難易度は３つの中間。

プログラミングロボットで遊ぼう

　①子どもになったつもりで遊んでみる。
　②４歳児や５歳児はどのような遊びをするのか考え、話し合う。

🌱 体験 25 タブレットで音遊び

●音を聴く動画・音源づくり

準備：動画を撮影できる iPad などのタブレット型端末 (もしくはスマートフォン) を用意する。可能であれば、高精度の録音用マイクを接続する。

手順：①日常生活で自分を取り巻く様々な音から、音自体におもしろさやよさ、魅力を感じるものを見つける。また、音環境によさを感じる場所を探す。

②みつけた音や場所の音を、音が鮮明に録音できるように録画・録音する。

③録画・録音したデータを、Filmstory や Moshow などの動画編集アプリや、iMovie(Apple) を用いて編集し、環境にある音を中心とした動画を作成する。

④作成した動画を、他者と共有し、音から感じたことを振り返る。

⚫ 1：様々なアプリで音楽を楽しむ

感じる　音を聴く動画・音源づくり

準備：2 〜 3 人で 1 台使用することを想定し、必要な台数のタブレット型端末を用意する。インターネット接続環境、人数分のイヤフォン

① Chrome music Lab

Chrome musicLab は、Google が開発した音で直感的に遊ぶことのできるウェブサイトです。2021 年現在、14 通りの遊び方ができます。中でも、Song maker や Piano roll、Melody maker のように、実際の楽器や音階のしくみを用いたものや、Kandinsky のように絵を描いたものを音に変換するといった ICT ならではの遊びもできます。

(https://musiclab.　chromeexperiments.com)

② GarageBand(iPhone や iPad などの Apple 製品)

GarageBand は、Apple が開発した音楽活動のためのアプリです。創作に用いられることが多いですが、次のような方法で遊ぶことができます。

タブレット型端末を用意する

Chrome
musicLab

⑴世界中の様々な楽器との出会い

　　Strings(弦楽器)、Guitar など様々な楽器がありますが、World を選び、下の Koto や Erhu などの楽器をクリックします。その他のサウンドを選べば、より様々な楽器が選べます。

⑵演奏を録音して、編集する

　　GarageBand を起動します。Audio Recorder からボイスをクリックします。右上のクリック音を消します。左上のトラックボタンを押します。赤丸ボタンで録音できます。

　　新しいトラックを作りたいときは、左下のプラスを押し、再び Audio Recorder からボイスを押します。トラックを消したいときは、トラックを２回押します。

楽器の代わりじゃなく、ICT だからこそその表現を探そう。

🖊コラム　💧保育における タブレット型端末の活用

　　タブレット型端末を用いた音・音楽との関わりは、身近にない音や楽器との出会いを提供したり、身近な様々な音の魅力を感じたりすることを可能にします。また、実践の過程で、音を組み合わせたりして音楽をつくることは、小学校で育むプログラミング的思考の基礎を養うことにもつながるでしょう。

　　一方、子どもには、実際に手にとったり耳を傾けたりと、現実世界に存在する環境物との関わりを大切にしてほしいという思いを持つ人も多いでしょう。タブレット型端末は、子どもを取り巻く環境と様々な出会いの可能性を拡張する役割を持ちます。多くの子どもは、タブレット型端末を手にすると、夢中になり楽しみます。その時、子どもは何を楽しんでいるのかに意識を向けることが大切です。子どもが自分で探求できる遊び方なのか、ただ動画に夢中になっているだけか、五感へ過度な刺激を与えるものとはなっていないか。遊び方は、特定のアプリケーションに偏っていたり、依存したりしていないか。これらに留意し、タブレット型端末を子どもの創造性を育む体験を提供するものとして、保育環境に持ち込むことが理想です。

♀ 体験 26 アートでつながろう

準備：パソコン（スマートフォン、タブレット）、プリンター 、美術作品の絵ハガキ

手順：事前学習として インターネットで美術館を訪問する。（Google Arts & Culture）
行ってみたい「美術館 」を探して（「場所」からも検索できる）、あるいは検索機能
の「色」「アートワーク」から好きな作品を探し、時代的背景や作者について調べ、
時計のマークから時系列に並べて作品の変遷を見る。作者の死後 70 年経過してい
れば 著作権は無効でパブリックドメインとして公開されているので、確認の上、画
像をハガキサイズに印刷する。作者名、時代背景、好きな理由を別紙に整理しておく。
他に展覧会や美術作品のハガキがあれば持ち寄る。

　美術館に足を運んだことがありますか？ 好きな美術作家（アーティスト）はいますか？
コンサートやカラオケに比べて、美術館通いを趣味にする人は多くないかもしれません。「表
現」の意味を理解し、その権利や多様性を大事にできる保育
者になるためには、美術史やその過程で人が新しい意味や価
値を生み出してきた足跡をたどる学びも大切です。その流れ
や広がりから写実表現が絶対ではないことを理解し、幼児の
表現やアートの世界を楽しめる感性を育みましょう。

1：アートカードで自己紹介

　4〜6 名のグループをつくり、用意したカードを示し、好きな理由を語りながら自己紹介
を行う。一巡したら、見つけた「つながり（作家、対象、色合い、時代等）」を発表する。

2：アートカードゲームを楽しむ

　美術作品のハガキを加えても数が揃わない場合は、美術館から「アートカード」を借りよう。

①探偵ゲーム／カードを表にし、リーダーはその中から 1 つを選び、他には伝えない。プレー
　ヤーが順に質問（人物がいますか？等）をし、それに対し YES・NO で答える。全員の質
　問が終わったら「カードはどーれ？」と声かけし、プレーヤーが一斉に指さす。

②マッチングゲーム／ カードを裏にして広げ、順に表に返す。2 枚のカードの「つながり」
　を見つけて説明し、認められたらカードを取り、認められなかったら裏に戻し枚数を競う。

③お話作りゲーム／カードを表にし、順に好きなカードを 3 枚とって即興でお話をつくって
　紹介する。2 巡目は難易度をあげ、カードを裏返しで、無作為に 3 枚とってお話作りをする。

参考 ＊アートカードの貸し出しや ホームページに アートカードゲームの紹介がある主な美術館
　　青森県立美術館・三重県立美術館・滋賀県立美術館・千葉県立美術館・埼玉県立美術館・
　　岐阜県美術館・佐倉市立美術館・横須賀美術館（Web 版あり）・独立行政法人国立美術館（販
　　売あり）他

● 発展ワーク ●

● １：コマ撮りアニメをつくろう

　アニメーションは子ども達にとって親しみのある表現です。タブレットの写真撮影機能とアプリを使うと、静止画像から簡単に動画を作成することができます。ストップモーションスタジオというアプリを使うと簡単に作成できます。画像データから順番を指定できるアプリもあるので、様々な表現を楽しみましょう。（定点観測やお散歩アニメ等）

表す　即興アニメ（画面からストーリーをつくる）

　準備：折り紙、はさみ 、タブレット 、台紙（黒画用紙）、カラーひも
　手順：何色かの折り紙を選び、重ねて正方形や円 などの形を切り取る。台紙の上に１つの形を置き、ロングで小さく撮影し、徐々にアップで撮影して大きさを変化させる、画面の端に置き徐々に位置を変える、形の数を増やす、違う色の同じ形に置き換えるなどして、撮影した画像がアニメ になるのを確認する。

　カラーひも（手芸用）でも同様に動かしながら撮影し、アニメができるのを確認する。各自で作成した動画をグループ共有し、展開を話し合い、できたアニメを全体発表する。保育場面では、積み木や砂場遊びの経過を写真に撮りアニメ記録（ドキュメンテーション）ができる。

表す　割ピンアニメ（キャラクターからストーリーをつくる）

　準備：厚紙、穴あけパンチ、割ピン、カラーペン、タブレット、下書き用紙

　手順：登場させたいオリジナルキャラクターを厚紙に描き、穴あけパンチと割ピンを使って手足が動くようにする。紙コップやスチレントレーも使える。グループ内のキャラクターを持ち寄ってストーリーを考え、コマ割を考え、撮影してできたアニメを発表する。音も入れるとよい。保育場面では、子どもの割ピン人形でアニメをつくることができる。

紙コップから作った割ピン人形

表す　簡単クレイアニメ（ストーリーからキャラクターをつくる）

　クレイアニメは立体表現で、制作に多くの時間を要する。 ここでは半立体表現とし、グループで工夫する過程を大切にする。
　準備：下書き用紙（コマ割印刷済み）、軽量粘土、絵の具、クッキー型 、役立ちそうな素材
　手順：言葉ではない豊かな表現を目指し材料の特徴を活かす色形によるストーリー展開を考える。ストーリーに応じた色粘土をつくる。異なる色の粘土を板状にして並べ型抜きをする。背景についても、場や時間の変化の表現を工夫し、グループ作品を共有する。

作品例：１０画面で１０秒程度の作品

III 発展編

III
発展編

Ⅲ 発展編

1 体験を保育方法とつなげる
-「保育内容の理解と方法」として学ぶ-

これまで、体験を通して「環境」と「表現」の領域に関わる内容について学んできました。幼稚園教諭養成課程では〈領域に関する専門的事項〉の科目で学ぶ内容です。「何をどのように指導するのか」という視点で見たときの「何を」にあたりますが、「どのように」は〈保育内容の指導法〉で学ぶことになっています。一方、保育士養成課程を構成する〈保育内容の理解と方法〉は、「子どもの生活と遊びを豊かに展開するために必要な知識や技術」と「教材等の活用及び作成と、保育の環境の構成及び具体的展開のための技術」を実践的に習得することを目標とする科目です。そのため、実践につなげる方法についてのより深い理解が必要となります。

ここでは、保育教諭としての専門性の獲得のために、「体験編」の体験を、〈保育内容の理解と方法〉で学ぶ「子どもの生活と遊びにおける体験」につなげていきましょう。

❶乳幼児期の育ちの特性と環境の構成

乳幼児期の教育は、子どものやりたいという気持ちを大切にしながら展開するものです。安心できる豊かな環境を整えることで、育ちにつながる関わりが芽生え、深まり、「遊び」となり、乳幼児期にふさわしい体験をすることができます。「体験編」の体験は、保育者側の資質能力の育成を目的としているので、そのままでは 乳幼児の「遊び」にはなりません。ここでは、具体的に保育につなげる方法について学びます。

実践方法を考える際には、子ども理解の視点が重要です。また、「いつ」「どこで」という生活の流れや保育環境との関係も踏まえる必要があるでしょう。そこで、ここで用いる用語を定めます。

子ども達の育ちについては、ここではいくつかの節目をのりこえて育って いく存在と考え、以下の4つの枠で捉えることにします。

子どもの育ちの姿		
乳児期	1 歳半まで	歩行する　見比べる　見立てる　指さしで伝える　言葉の獲得
幼児期前半	3 歳まで	歩行が自由になる　2つの単位で比べる　言葉の拡大
幼児期前半	5 歳前半まで	〜しながら…する　2つの単位で捉える　会話　表象の確立
接続期	5 歳後半以降 7 歳	3つの単位で捉える　筋道を立てて表現する　書き言葉の獲得

こうした理解に基づいて、内なる自然である育つ力と、外なる営みである保育の調和をはかる方法を考えていきましょう。※13

参考　※13：白石正久 『発達を学ぶちいさな本』 クリエイツかもがわ（2020）

4月から始まる1年間を、季節と集団の中の子どもの姿から、4つの枠で捉えます。

		季節	集団の中の子供の姿
Ⅰ期	4～5月	春	環境と出会い安心を求め自分を出し始める時期
Ⅱ期	6～8月	梅雨から夏	心地よさを求め環境や他者と葛藤する時期
Ⅲ期	9～12月	秋から冬	満足を求め調整しながらつながろうとする時期
Ⅳ期	1～3月	冬から春	よさを求め協調や探究や協働に向かう時期

また、保育の展開方法については、保育形態による分類などがありますが、ここでは、領域「環境」と「表現」のねらいに即した、ものとの関わりを含む体験であることから、環境の構成方法を以下のように整理して記号で表します。それぞれの援助のねらいを考えてみましょう。

素材 ：素材・場の提供　　関わり ：関わり・試みの促し　　理解 ：理解・活用への誘い

探究 ：探究の支援・触発

なお、保育士課程で学ぶ「子どもの生活と遊びにおける体験」には、以下の4つの例が挙げられていますので、その中のどれに当てはまるかを数字で表示します。

体験①：見立てやごっこ遊び、劇遊び、運動遊び等における体験

体験②：身近な自然やものの音や音色、人の声や音楽等に親しむ体験

体験③：身近な自然やものの色や形、感触やイメージ等に親しむ体験

体験④：子ども自らが児童文化財に親しむ体験

（1）Ⅰ期 （4～5月）

★「体験1 散歩を楽しむ」を保育につなげる

春は出会いの季節です。環境や仲間との出会いを深める心地よい戸外でのお散歩はぜひ楽しんでほしい体験です。

●幼児期前半 〈入れ物をもって行こう〉 素材 関わり 体験②③

ビンゴカードは難しいかもしれませんが、「いいもの見つけ」が得意な時期です。お散歩に行く場所に、入れると音がする小さなペットボトル容器や部屋が分かれていて水を入れるときれいな卵パックを持って行きましょう。子ども達はきっと入れ物に合ったステキなものとの出会いを楽しむことでしょう。カップを耳に当てて音を聴く遊びも楽しめます。

卵パックに水を入れて…

●幼児期後半 〈色・形ビンゴカードをもって散歩に行こう〉 素材 関わり 体験③

同じ色や形、似ている色や形を探すビンゴカードです。厚紙でつくり、穴をあけて手首につけられるように輪ゴム等をつけるとよいでしょう。大きなものにしてグループで探す、見つけたら保育者に知らせ、スタンプを押すなどすると、コミュニケーションを豊かにする活動にもなります。

例を示しますので、オリジナルのカードを作ってみましょう。

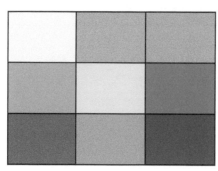

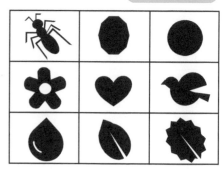

色カード　　　　　　　　　形カード

（2）Ⅱ期（6〜8月）

★「体験2 音環境を聴く」を保育につなげる

　環境に親しみ、園に居場所ができると、安心して表現を楽しめるようになります。音への気付きを日々の保育の中に位置づけると共感する姿が多く見られるようになり、子ども同士の関係性も育まれます。

●**幼児期後半** 〈音のコーナーで遊ぼう〉 　素材　関わり　体験②

　音を楽しむコーナーを設置し、毎月設定するものを入れ替える。様々なものを設定し、帰りの会で音への気付きを発表する。

●**接続期** 〈音探しを楽しもう〉 　関わり　探究　体験②

　音を出す素材（棒状のもの）を用意する。種類の違う2本を選び、素材による音の違いや耳を付けるなどの聞き方の違い、音を出す場所によって音が変わることを確認する。園内または室内を巡り、「好きな音」を探してみつかった場所にシールを貼る。集合したら、シールが貼ってある場所を巡り、1人ずつ好きな音とその出し方を発表する。

習志野市立谷津幼稚園の実践

★「体験15 草花から色を作ってみよう」を保育につなげる

　植物がよく育つ時期は、直接五感で生命を感じる活動を促しましょう。そのためには意識的な環境整備が大切です。（p.64参照）

●**幼児期後半** 〈草花で色水遊び〉 　素材　関わり　理解　体験③

　園庭やテラスの摘んでもよい草花にはそれを知らせる表示をしておく。近くに机を用意し、色水作りの用具（ビニール袋、水入れカップ、写真のような用具）、白い紙、筆等を設定しておき、保育者がモデルを示し、色水遊びを楽しむ。小さな容器などを用意しておくと良い。（p.59参照）参加する子どもが増えたら、子ども同士が教え合い、色を見合う機会をつくる。**接続期**には、使った草花のことを調べる、色合いや作り方の違いに気付くよう問いかける、見方をを工夫するなど発展的な援助の試みをしてみよう。

色水をペットボトルに入れて光に透かして見る

(3) Ⅲ期（9～12月）

★「体験21 自然物を使って遊ぼう」と「体験23 発表しよう」を保育につなげる

秋から冬への自然の変化を感じる機会を 大切にし、表現を見合う機会につなげましょう。

●幼児期後半 〈葉っぱと遊ぼう〉 素材 関わり 探究 体験①③④

お気に入りの葉っぱ集めを楽しむ 。紙にはさんで重しを乗せる。次の日に材料として葉っぱと向き合い、形や色の特徴に気付く問いかけや遊び（一斉に葉っぱを 出して「大きい方」「穴がある方」などと宣言して勝ち負けを決める「葉っぱじゃんけん」等）の時間を設ける。 葉っぱが生き物に変身するイメージがもてるような導入（保育者が変身葉っぱを紹介する、絵本『ばけばけはっぱ』※14『おちばいちば』※15 等を読むなど）を行い、それぞれの見立てを促し、目玉に使える材料を提供する（丸シール等）。大きさに合ったダンボール片に貼るとペープサートになることを伝え、棒（わりばし又は紙を丸めるにつけて動かすモデルを示す。壁面に棒を刺しておける場所を用意し、いつでも遊べるようにする。**接続期**には、大型積み木等を使って舞台を用意し、お話をつくって発表する機会を設ける。お客さんを呼ぶことや客席の設定に気付くよう問いかけていく。(p.99 参照)

> 参考 ※14：藤本ともひこ 「ばけばけはっぱ」 ハッピーオウル社 （2012）
> ※15：西川みのり 「おちばいちば」 ブロンズ新社 （2011）

(4) Ⅳ期（1～3月）

★「体験19 動く不思議を楽しもう」と「体験23 発表しよう」を保育につなげる

友達との関係性も深まり、一緒にやることや 協力することが 楽しくなる時期です。体験をいかしたごっこ遊びが楽しめる保育を展開しましょう。

●接続期 〈的あてゲーム屋さん〉 理解 探究 体験①③

点数を競う、争うなどに関心がある様子が見られたら、ゴムでとぶおもちゃ（p.81 参照）作りを提案し、コーナーを設定し、遊び方を工夫する様子に合わせて材料や情報を提供する。自分達が楽しむ体験だけで終わらないよう問いかけをして、ごっこ遊びにつなげる。必要感に応じて、看板やレジや景品などを用意することが、文字や数字に親しむ体験にもなり、楽しくするために工夫する過程が人間関係の理解を深める（p.81 参照）。右の写真は接続期の実践例「せかいしゃてきらんど」。背景は 宇宙から地底までが絵の具で表現され、星や宇宙人、ミイラ男などが的になっている。景品のルールの表示からは、この時期の興味関心の広がりとごっこ遊びには多様な学び体験が潜んでいることがわかる。

❷環境構成図と指導計画・指導案

★ 環境構成図をかいてみよう

　体験編のワークでは、多様な準備を必要としました。その体験は、保育の場での環境構成の力につながるものです。学びを深めるために、Ⅱ章の中から1つのワークを選び、保育につなげる際の環境構成図を書いてみましょう。ここでは**幼児期後半**の室内図とします。

　自由な遊び時間にも充実した遊びができるよう、子どもの「動線」や「視線」に配慮し、体験ワーク以外の環境についても記入してみましょう。例示した環境要素の記入については各自で判断し、材料設定や絵本の内容等の詳細については、下の枠と環境図を線で結び、その中にイラストや文字、写真等で表示し、余白があれば自由に枠を加えてください。

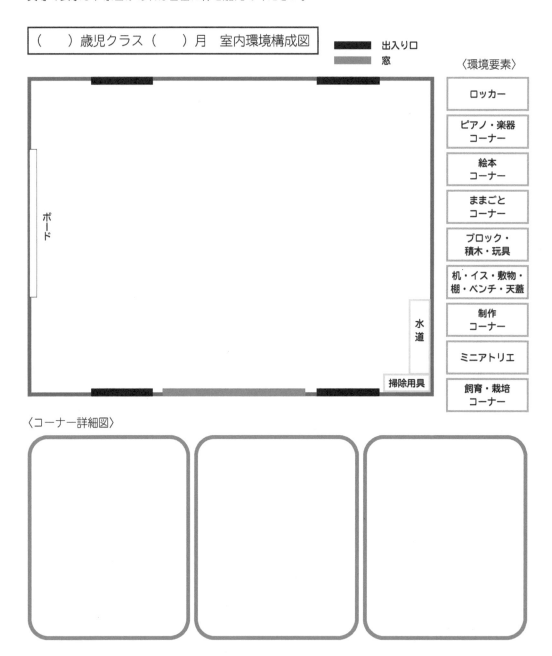

★ 指導計画を立て 指導案を作成し てみよう

　保育のおもしろさは、日々の葛藤から保育を更新し、生活を共につくっていく過程にあります。子どもとの相互作用で展開する保育の場で使う指導案の多くは「週案」です。実習や初任、公開時に作成する「時系列の指導案」は、詳細な援助を考える機会となり、専門性の育成にも有効ですが、一方で、それに縛られる懸念もあります。子どもの実態や興味関心に耳を傾け、思いに沿った活動や体験を選択し、適切なねらいを立て、柔軟な指導を心がけることが大切です。体験で育まれた 想像力と創造力を発揮し、「体験編」のワークを「教材研究」と考え、実習を想定した 指導案を作成してみましょう。
（　　　　　　 は記入内容の解説）

日時	年　　月　　日（　曜日）		実習生名	
クラス	歳児　　　　名		担任名	
〈子どもの姿〉 生活・人間関係・遊びの状況、体験選択の根拠			〈ねらい〉 姿・領域・育てたいことから考える	
			〈内容〉 ねらいの達成のために体験したいこと	

時間	環境の構成	予想される子どもの活動	保育者の援助
	準備について 場の設定、人の位置	活動の流れがわかるように	活動にどう関わり、何を配慮するか

2 体験を小学校での学びとつなげる

「発展編」－1の子どもの育ちを捉える枠に「接続期」を設けたのは、発達的な節目によるものですが、その名称を使用した背景には、「幼小接続」が課題となり、「接続期」を意識する必要性が高まっていることがあります。教科等の学習を通して学力を培う小学校教育は、幼児教育とは異なり、到達目標があり、書き言葉での学びが中心となります。そのため、文字練習や机に向かう活動をすることが「接続期」の「アプローチカリキュラム」という誤解もあります。実際は、体験に教科教育の視点を取り入れることが、遊びを通しての学びからの橋渡しとなります。

小学校教育について理解し、教育の段差の克服を子ども側の視点から支えることは、「接続期」の教育の一端を担う保育者の専門性として必要不可欠です。ここでは、領域「環境」と「表現」とのつながりの深い教科を取り上げます。

1 生活科・社会科・理科とのつながり

Ⅱ章の「体験」は、子どもの学びに関係があるの？

（1）小学校のスタートカリキュラム

小学校に入学してからの生活や学習がスムーズにいくように、小学校ではスタートカリキュラムを行っています。自分でランドセルを 片づけたり教室で姿勢よく座ったりすることや、時間で区切られた生活をすること、国語の時間には国語の学習をし、算数の時間には算数の学習をすることなど 、少しずつ、体験的に学びます。生活科「 学校探検 」の学習の中で作文を書いたり絵を描いたり歌を歌ったりする活動を行うなど、合科的・関連的な学習によって幼児教育との段差を少なくします。小学生と、就学前の子どもたちとの交流を行います。

保育所保育指針・幼稚園教育要領では、幼児期の終わりまでに育ってほしい姿として 10 項目を掲げました。 これは「目標ではない」としていますが、5 歳児後半の姿ですから、小学校での生活に十分適応できる力が育っているということです。 小学校でも、幼児教育で充分に育ってきた、有能な子どもとして 1 年生に対します。

スタートカリキュラムの実施によって、子どもは安心して小学校に入学できるようになりました。では、子どもの資質・能力を伸ばすという点からは 、どのようなつながりに気を付ければよいのでしょうか。

（2）生活科とのつながり

【感性】

「具体的な活動や体験を通して 」と生活科の教科目標にあります。（文部科学省 学習指導要領）生活科の学習は、教室の中で教科書とノートを開いて、という形の学習ではありません。 幼児教育での「遊びを通しての指導を中心として」（幼稚園教育要領）とよく似ています。 例えば「お散歩に行こうか」（幼稚園）と「秋をみつけに行こう」（ 小学校）程度の違いです。 秋の公園に行って遊ぶことは同じですし、落ち葉を拾ったりドングリを拾ったりすることも同じです。 また、拾った落ち葉でお面をつくって遊んだり、たまった落ち葉を踏んで音を楽しんだりすることも同じです。

生活科の「秋をみつけよう」の学習では自然のすばらしさ に気付いたり、工夫して楽しんだりすることをねらっています。そのため教師は「赤い葉っぱきれいだね」「黄色いのもあるよ」「赤や黄色が混ざって

いる葉もあるね」という子どもの気付きを大切にします。「落ち葉で絵を描きたいな」「どんぐりで楽器ができそうだよ」という子どもの思いを大切にします。そのような子どもの気付きや思いを大切にするためには、教師自身が自然の素晴らしさに気付き、工夫して楽しむことができる必要があります。

　幼児教育の「お散歩」でも、生活科と同じように 自然の素晴らしさに気付いたり、工夫して楽しんだりすることができます 。そのためには、生活科の先生と同じように、保育者自身が自然の素晴らしさに気付き、工夫して楽しむことができる必要があります。第Ⅱ章の体験編で、たくさんの体験を行いました。体験編での体験を通して、保育者としての姿勢を整え、少しずつ感性が研ぎ澄まされてきたのではないでしょうか。

【気付き】
　生活科の授業では「風が強いとかざぐるまは良く回ります」と教えることはしません。「先生、強い風が吹くと良く回るんだよ」という子どもの気付き が生まれる状況をつくります。「あたたかくなったから虫がふえたんだね」という気付きが生まれる状況をつくります。 生活科では 子どもの「気付き」と、「気付きの 広がりや深まり」を目指します。「かざぐるまのように、帆掛け船も強い風でスピードが出るよ」「この間よりバッタが大きくなったよ」と気付きが深まり、思考につながります。

　幼児教育では遊びの中での試行錯誤を大切にします。子どもが試行錯誤しているとき、その子の頭の中には「 帆掛け船をもっと速くしたい」「たくさん虫をみつけたい」という思いや願いがあるはずです。 試行錯誤の結果、「うちわで思いっきりあおぐと、速くなるよ」「バッタは草の中にたくさんいたよ」と教えてくれます。 生活科での気付きと同じです。

　このように、幼児教育の保育者と小学校教師が同じ方向で教育に当たれば、子どもは安心して幼稚園・保育所・子ども園から小学校へ行くことができるでしょう。

(3) 社会科・理科とのつながり

　扱う内容が領域「環境」に一番近い教科は 、生活科です。生活科に 一番近い３年生以上の教科は 、社会科と理科です。

　社会科では「私たちの住んでいるところと、駅の近くの建物は違いがあるのだろうか」、と社会事象の中に学習問題を 見いだすことから学習が始まります。 自分の家の周辺と駅周辺の建物の様子を比べて考えます。

　理科では、「平らにした粘土を丸めて固めると重くなるのだろうか」と、自然事象の中に問題を見いだすことから学習が始まります。 物には重さがあることに気付き、形が違うことに気付き、比べることで疑問がわき、問題を見いだすことができます。

　４歳児が転がし遊びをします。 ドングリがゴールまで転がらないで途中で止まってしまい、「どうしたらゴールまでいくのかな」と問題を見いだします 。 転がす向きを変えたり坂道の坂を急にしたりして試行錯誤をします。このような体験が、小学校の社会科や理科で問題を見いだし、自分で考えて解決しようとする学習につながります。

　子どもが自分で問題を見いだし、自分で考えて試しながら解決し、自分の思いやねがいをかなえていく。幼児期のそのような姿が、小学校の社会科や理科での質の高い学びにつながります。

2 音楽科とのつながり

　保育では、「遊びの中に学びがある」と考えます。音楽表現でいえば、楽器や歌うための技能を伸長させることではなく、子ども自らが音・音楽と関わる日々の遊びの中に、音楽を含めた大切な学びが埋め込まれていると考えるのです。そこでは、保育者は環境を設定しますが、音・音楽を探求するのは子ども自身であり、どのように何をどの程度まで身につけるかは、設定しません。

　一方、小学校音楽科は、教科としての到達目標へ向けて、決められた時間と教師が設定した教材、学習内容によって活動します。学習における遊びという概念は、保育ほど浸透しているわけではありません。ここに、学習に対する保育と小学校教育との大きな考え方の違いがあります。子どもの中は、学校種による違いに戸惑い、音楽が苦手になったり、きらいになったりしてしまう子もいます。そうした不幸を避けるために、保育と小学校教育は、双方の音楽活動の違いと共通点を知り、つながりを持って教育にあたる必要があります。ここでは、つなげ方を3つの視点から考えます。

（1）目標のつながり

　小学校音楽科の活動は、「表現及び鑑賞の活動を通して」行われます。ここでいう表現は、歌唱・器楽・音楽づくりという3つの活動から成ります。

　小学校音楽科では、次の3つの資質・能力を育成することを目標としています。

---

(1) 曲想と音楽の構造などとの関わりについて理解するとともに，表したい音楽表現をするために必要な技能を身に付けるようにする。

(2) 音楽表現を工夫することや，音楽を味わって聴くことができるようにする。

(3) 音楽活動の楽しさを体験することを通して，音楽を愛好する心情と音楽に対する感性を育むとともに，音楽に親しむ態度を養い，豊かな情操を養う。

●小学校学習指導要領　音楽編（平成29年告示）より

　内容を見ると、(1) と (2) は、技能を中心とした内容になっています。一方 (3) は、下線の部分のように「楽しさ」や「感性」への言及がみられることから、領域「表現」のねらいとつながりを持つことがわかります。さらに、「態度」や「情操」というキーワードから、領域「表現」のねらいをさらに深める方向性が読み取れます。

（2）「姿」をつなげる

　幼稚園教育要領では、5歳児後半となる「幼児期の終わりまでに育ってほしい姿」が示されています。この「姿」は、到達すべき目標ではなく、保育を通して子どもに期待する「姿」であり、小学校入学時に期待される子どもの「姿」です。保育者と小学校教師が「姿」を共有することは、双方にとって大切です。音楽でいえば、10の姿のうち「豊かな感性と表現」が関連深い項目です。保育では、様々な体験から感性を育むことを大切にしていますが、小学校音楽科では、どうしても鍵盤ハーモニカや歌唱などの技能を育むことが学習の中心であると、教師も子どもも捉えがちな傾向があります。しかし、上で確認したように、小学校音楽科の目標にも感性を育むことは明記されています。保育で演奏技能を伸長させる活動の比重を高めたり、小学校の教師が領域「表現」の目標を知らずに授業を行ったりすることがないようにする必要があります。

（3）見方・考え方をつなげる

　幼稚園教育要領では、子どもが「幼児期の教育における見方・考え方」を生かすことによって学びが育まれるとしています。「幼児期の教育における見方・考え方」とは、「子供たちが主体的にいろいろなものに関わり、試行錯誤しながら自分にとっての意味を見いだしていくこと」（無藤, 2017, p.18）です。

　見方・考え方もまた、「小学校音楽科での見方・考え方」へとつながります。「小学校音楽科における見方・考え方」は、「音楽に対する感性を働かせ、音や音楽を、音楽を形づくっている要素とその働きの視点で捉え、自己のイメージや感情、生活や文化と関連付けること」を意味しています。保育では「自分にとっての」意味であったのに対し、小学校音楽科では「自己のイメージや感情」とメタな視点から捉えられていること、さらに「取り巻く生活や文化」に自分を位置付けて捉えることとされています。これらから、見方・考え方は深化する形でつながりを持つことがわかります。

（4）活動をつなげる

　小学校低学年の教科書には、遊びの要素の色濃い活動が多くみられます。例えば、「おちゃらか」や「なべなべそこぬけ」など、保育でもよく遊ぶわらべうたが複数掲載されています。また、6年間の授業で必ず扱うこととされている歌唱共通教材の1曲「ひらいたひらいた」では、複数人で輪になり、手を繋いで、花がさいたり蕾んだりする様子を身体で表現しながら歌を歌います。「ぶんぶんぶん」では、「たん」と「うん」の2つの音で音符と休符のしくみを学習します。この曲を歌う際は、友達とペアになって手を合わせながら活動します。「まねっこあそび」は、先生（あるいは児童の誰か）が出した手や足などを使ってうつリズムパターンを、他のみんなでまね（模倣）する活動です。この活動は、次第に鍵盤ハーモニカによる音高を取り入れたまねっこへと発展し、その後の音楽づくりの資質・能力を育む上での土台となっていきます。

　このように、低学年の音楽科教科書に掲載された楽曲や活動は、遊びの要素が随所に取り入れられています。このことによって、子どもが保育で経験した遊びの要素の色濃い音楽表現の活動を音楽科の授業でも取り入れ、音楽のやり方に大きな変化が生じてしまうことを避けつつ、音楽科の目標である「技能を育む」ことも意識した活動ができるようになっています。

　小学校以降の音楽の授業がきらいだったあなたは、いつからきらいになったのでしょうか。保育と小学校音楽科での音楽のやり方の違いが、「音楽が苦手」という子どもを生まないよう、保育と小学校教育とがつながりを持つことはとても大切です。

参考　　16：無藤隆「改訂のポイント＆キーワード」『幼稚園教育要領ハンドブック2017年告示版』学研教育みらい（2017）

❸ 図画工作科とのつながり

「造形遊び」の模擬授業から

　小学校の教科の中で、図画工作科は保育との共通点が最も多い科目といえるでしょう。図画工作科の学習は、「表現」と「鑑賞」の活動を通して行われますが、「表現」の１つの柱になっているのが、「遊び」という言葉が含まれた「造形遊びをする活動」です。小学校時代に「造形遊び」の授業を体験した記憶がなく、もう１つの柱である「絵や立体、工作で表す活動」が図工と思っている場合もあるかもしれませんが、現在の学習指導要領では高学年まで位置づけられ、発想力や創造力の発揮と育成を目指しています。『小学校学習指導要領解説図画工作編[17]』には、「遊びがもつ教育的な意義と創造的な性格に着目し，その特性を生かした造形活動が「材料を基に造形遊びをする」の内容である」と書かれています。このように、10の姿の『豊かな感性と表現』の「感じたことや考えたことを表現する喜びや意欲」や、『思考力の芽生え』の「気付きや工夫の楽しさや新しい考えを生み出す喜び」、そして『自立心』や『協同性』、『言葉による伝え合い』の姿を、多様な造形的な体験を通して、小学校でも引き続き育んでいこうとするのが図画工作科です。

参考　17：文部科学省『小学校学習指導要領（平成２９年告示）解説図画工作編』
日本文教出版（2018）

（1）目標・内容のつながり

〔目標〕
　表現及び鑑賞の活動を通して，感性を働かせながら，つくりだす喜びを味わうようにするとともに，造形的な創造活動の基礎的な能力を培い，豊かな情操を養う。
⑴　対象や事象を捉える造形的な視点について自分の感覚や行為を通して理解するとともに，材料や用具を使い，表し方などを工夫して，創造的につくったり表したりすることができるようにする。
⑵　造形的なよさや美しさ，表したいこと，表し方などについて考え，創造的に発想や構想をしたり，作品などに対する自分の見方や感じ方を深めたりすることができるようにする。
⑶　つくりだす喜びを味わうとともに，感性を育み，楽しく豊かな生活を創造しようとする態度を養い，豊かな情操を培う。
　　　　　　　　　　　　　　　　　　　　　　　　●小学校学習指導要領（平成29年告示）より

　⑴は「知識・技能」に関する目標ですが、形や色や用具の名称を覚え、技術を身に付けることではなく、自分の感覚や行為を通して体験的にわかることや技能を創造することを目指す科目であること、そのため、描き方を教え込む指導や作品に手を入れる指導は不適切であることがわかります。⑵は「思考力・判断力・表現力等」に関する目標ですが、ここでも自分で感じ考え発想する創造的な活動が重視され、⑶の「学びに向かう力、人間性等」の目標では、創造の喜びを味わい、感性を育むことが、よりよく生きることにつながることが示されています。
　これらの目標は、領域「表現」のねらい（p.14 参照）と連続しており、内容も重なっています。また、領域「環境」のねらいと内容にも重なる部分があり、目標や内容からも、幼児期の体験的な学びによる育ちを引き継ぐ教科であることがわかります。

（2）活動のつながり

　「図画工作」の教科書を見る機会があるでしょうか。幼児の造形表現や「体験編」の内容との重なりをいくつも見つけることができるでしょう。乳幼児期の「ものとかかわる」行為は、ものと語り合う姿であり、その関わりを周囲の環境とつないで豊かにする遊びが造形的な表現です。それを深め、到達目標を立てて造形材料を整え、意図的に取り組むのが図画工作科の内容と考えることができるでしょう。本書では、その過程で培われる感性や体験的な理解を保育の場に立つために必要な資質・能力と捉え、共通する内容をとりあげています。表現は自分の内側を外に出すことを意味しますが、実際には環境との対話によって現れ出るものです。豊かな環境の創出者となるためにも、多様な体験を重ねることが大切です。保育者自身が楽しさを味わい、表したものだけでなく、表すことや表し手に敬意を払う援助をすることが、表現への肯定感を育み、接続期を超えて表現や創造の喜びを味わう子ども達を育てることにつながるでしょう。

4 乳幼児期の豊かな体験の背景

　教科教育について学ぶことで、その捉え方と乳幼児期の体験の質が幼小接続の要となることがわかりました。まとめとして、以下の2つの視点から、幼小接続を考えてみます。

（1）学力とは

　小学校教育では、生涯にわたる学習基盤が培われるよう、各教科において「学力の三つの要素」である「基礎的な知識・技能」「課題解決のために必要な思考力・判断力・表現力等」「主体的に学習に取り組む態度」を養います（「学校教育法」第4章小学校第30条②より）。これらは、「幼稚園教育要領」で一体的に育むようにとされている資質・能力の3つの柱を基盤として培われます。つまり、興味関心に沿った遊びを通して感じたり気付いたりわかったりできるようになることを豊かにし、それを使って遊びや生活の中で試し、工夫し、表現し、よりよくしていこうとする心情・意欲・態度を育てることが、小学校以降の学力につながるのです。

（2）見方・考え方のつながり

　幼児教育には教科書がありません。「何を」するのかを保育者自身が探さなければなりません。子ども達の興味関心も手がかりとなりますが、応じるだけでは接続期にふさわしい生活をつくることはできないでしょう。各教科には培いたい「見方・考え方」があります。「どのような視点で物事を捉え、どのような考え方で思考していくのか」というその教科等ならではの物事を捉える視点や考え方であり、各教科等を学ぶ本質的な意義の中核をなすものです。図画工作の学びを支える「造形的な見方・考え方」は、「感性や想像力を働かせ、対象や事象を、形や色などの造形的な視点で捉え、自分のイメージをもちながら意味や価値をつくりだすこと」です。生活科は「身近な生活に関わる見方・考え方であり，身近な人々，社会及び自然を自分との関わりで捉え，よりよい生活に向けて思いや願いを実現しようとすること」です。その基礎を培うのは、「幼児教育における見方・考え方」（p.6,118参照）であり、関わる対象としてどんな環境や関わる体験が必要なのかを考える観点として、それぞれの教科等の「見方・考え方」があります。身近な人々や社会、自然と深く関わり、音や音楽を要素やその働きで捉える体験、形や色で捉えて自分なりの価値をつくり出す遊びへの没頭は、将来の学力にもつながる豊かな体験といえるでしょう。

3 体験と現代的課題

1 体験と評価

　評価は、ある行為や状況を省察し改善へつなげる営みです。評価というと、皆さんは通知表に書かれた数字やアルファベットをイメージするかもしれませんが、これは「評定」というもので、評価の結果を示す1つの指標に過ぎません。評価は本質的には行為を変化させていくことを目的としています。評価は保育者にとって欠かせない仕事の1つです。

（1）子どもを理解するための視点

　幼稚園教育要領では、「幼児一人一人のよさや可能性などを把握」すること、「他の幼児との比較や一定の基準に対する達成度についての評定によって捉えるものではない」こと、「幼児の発達の理解と教師の指導の改善という両面から行うことが大切」（文部科学省,2019）だとされています。子どもを理解するための視点について、右の図の5つを挙げることができます。

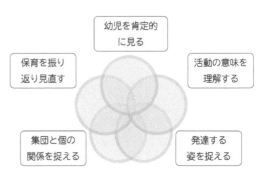

図1：子どもを理解するための視点

（2）領域「環境」「表現」の評価で大切なこと

　でき上がった作品など、活動の結果物のみで評価するのではなく、過程を踏まえて評価することが大切です。表現のプロセスには、「弾ける」「描ける」「手先が器用」といった把握可能な身体的技能だけでなく、「表現したいイメージを膨らませたり探求したりすること」や、「想いやアイデアを具現化できる気持ちのエネルギー」といった、目に見えない内的な要素が作用します。ですから、子どもの行為や表現は、一人ひとり違う意味を持っています。これを踏まえて評価することが大切です。

　我々大人が共有する文化的な価値規準のみに照らして、子どもの行為や表現を評価すること避けるべきです。私たちが子どもの表現を評価するとき、そこには我々が文化として共有する価値判断の基準があります。音楽でいえば、ある歌を音程やリズムを正しく歌えることや、楽器を正統的な奏法で演奏できること、造形でいえば、写実的に絵が書けること、複雑な造形物を作ることができることなどは、一般に高く評価されがちです。そうした評価は否定されるものではありませんが、保育者によって大切なのは、自分が持つ価値規準を一度捨てて、子どもが表現したことを見つめ、受け止めて、感じたことを言葉にして子どもに伝えることです。

　評価を他者と共有することも大切です。例えばみなさんも、映画や美術館の作品、コンサートやライブを観た後の評価が、友人と異なる経験はありませんか。ある体験に対する評価の観点や尺度は、人によって異なります。もしその時、友人とあなたが、互いにけなし合うのではなく、受け止め方の違いを認識し、それぞれの見方を楽しむことができれば、あなたの評価の観点や尺度は深化するでしょう。このように評価を他者と共有することは、評価の妥当性や信頼性を高めることにもつながります。

　子どもは、表現を他者に見せることで、表現に意味付けを行い、自己を形成していきます。子どもは、自分の表現が周りの人にどう受け止められるかをとても意識しています。保育者の評価は、次なる子どもの表現行為を方向づけます。評価によって、子どもが持つ創造的な力を覆ってしまわないように、私たちは、子どもの発表の何を評価するのかを考える必要があります。

(3) ルーブリックを活用して表現をみる視点をみがく

　ルーブリックは、「成功の度合いを示す数値的な尺度 (scale) と、それぞれの尺度に見られる認識や行為の特徴を示した既述語 (descriptor) から成る評価指標のこと」[18] のことです。ルーブリックの作成と使用の一例として、(1) 複数人で評価の対象とする作品や行為について話し合う、(2) ルーブリックの各項目を作成する、(3) ルーブリックに基づいて評価を行う、(4) グループで評価を共有する、という流れで実施します。保育者を目指す人が、表現をみる視点を自己・相互評価するにあたって、ルーブリックを役立てることができます。

表1：領域「環境」「表現」の観点から体験をみる視点に関するルーブリックの例

評価の観点	3	2	1
幼児を肯定的に見る	幼児が一人ひとり違う存在であることを理解し、それぞれのよさや個性を踏まえて肯定的に見ている。	幼児が一人ひとり違う存在であることを理解しているが、それぞれのよさや個性を把握・認識せず、主に保育者の主観に基づいて見ている。	幼児のよさや個性を踏まえず、保育者の主観にのみ基づいて幼児を見ている。
活動の意味を理解する	状況や関係性を踏まえ、体験の意味を理解しようとしている。	体験の意味を理解しようとしているが、状況や関係性を踏まえる意識に乏しい。	活動の意味を理解しようとする姿勢に乏しい。
発達する姿を捉える	幼児のレディネスを踏まえ、体験の様々な営みから発達する姿を捉えようとしている。	体験の様々な営みから発達する姿を捉えようとしているが、幼児のレディネスを十分に踏まえていない。	幼児の発達する姿を捉えようとする姿勢に乏しい。
集団と個の関係を捉える	集団と個の関係の視点から、体験の意味を捉えようとしている。	その子どもを中心とした視点から、体験の意味を捉えようとしている。	体験の意味を捉えようとしていない。
保育を振り返り見直す	振り返りを通して次の保育へと繋げる視点やポイントを考えている。	振り返りを行っているが、次の保育へと繋げる視点やポイントを考える姿勢に乏しい。	保育を振り返り見直す姿勢に乏しい。

参考　※18：田中耕治編『よくわかる教育評価　第2版』ミネルヴァ書房（2005）

　　　　※19：文部科学省『幼児理解に基づいた評価』チャイルド本社（2019）

❷ 現代的課題と子どもの体験・体験の広がり

（1）仮想現実 VR と体験

　リトルプラネットという次世代型・体験型テーマパークがあります。デジタルで砂遊びをする「SAND PARTY」、デジタル紙相撲「PAPER RIKISHI」、光と音のデジタルボールプール「ZABOON」、お絵かき３Ｄレーシング「SKETCHRACING」等、デジタルの技術を駆使した体験遊びのメニューがたくさんあります。思いっきり砂遊びをしても、水も砂も泥もつきません。自分が描いた車が飛び出し、自由に動き出してレースをします。子どもたちは仮想現実（VR-Virtual Reality）や拡張現実（AR-Augmented Reality の世界で楽しく遊びます。現在の所、テーマパークに行かなければこれらの遊びはできませんが、そのうち保育の現場に入ってくるのでしょうか。近未来の子どもたちは、汚れないデジタル砂遊びで育つのでしょうか。

VR、ESD、SDGs...？

　仮想現実は、現実感を伴った仮想の世界をつくる技術のことを言います。五感への知覚に働きかけるということですが、現在の所仮想現実というと３Ｄの映像技術に代表されることが多いようです。以前３Ｄ映画を見た時に、水がかかりそうで思わずよけたことがありました。濡れませんでしたし冷たくありませんでしたが、あれは仮想現実だと言ってよさそうです。「現実感を伴った仮想の世界」とすると、３Ｄでなくても、映画自体がすでに仮想現実だと言えますし、さらにテレビや演劇、写真やスーパーリアリズムの絵画なども仮想現実だと言えそうです。

　観光地の絵画や写真を見、ビデオを見ることで満足して観光地に行く人がいなくなった、という事実は確認できていません。映画を見ることで、人との関りをやめてしまうことは起きませんでした。これまで人々は、写真や動画等の新技術による仮想現実を、現実とは別の新たな芸術の分野として確立してきました。

　映画と遊びは同じではありません。しかし、リトルプラネットのような仮想現実による体験遊びによって砂場がなくなり、水遊びがなくなる、ということはおそらく起きないでしょう。砂遊びの体験は、砂で山をつくったり、ジョウロで水を流して川をつくったり、団子をつくったりするだけではありません。現実の体験には、その時の環境から受ける様々なことが複合的に作用しています。どろどろになった感触や思い、水遊びでびしょびしょになった冷たさや気持ちよさ。遊んだ時の太陽の暖かさや空の青さ。風の気持ちよさ。花壇からただよってくる花の匂い。鳥の声。このような現実の体験全てを仮想現実によって置き換えようとするより、現実の体験では味わえない、仮想現実ならではの体験を目指した方が楽しみは倍増するはずです。仮想現実であれば空も飛べますし、水の中でも苦しくありません。魔法も使えます。技術の革新に伴って芸術の分野が増えてきたように、これからは仮想現実によって遊びの世界が広がっていくのではないでしょうか。

（2）SDGs・ESD

　SDGs は、2015 年９月の国連サミットにおいて採択された、持続可能 Sustainable Development でよりよい世界を目指す国際目標 Goals で す。17 のゴール・169 のターゲットから構成されています。

SDGs の 17 の目標	
1．貧困をなくそう	10．人や国の不平等をなくそう
2．飢餓をゼロに	11．住み続けられるまちづくりを
3．すべての人に健康と福祉を	12．つくる責任 つかう責任
4・質の高い教育をみんなに	13．気候変動に具体的な対策を
5．ジェンダー平等を実現しよう	14．海の豊かさを守ろう
6．安全な水とトイレを世界中に	15．陸の豊かさも守ろう
7．エネルギーをみんなにそしてクリーンに	16．平和と公正をすべての人に
8．働きがいも経済成長も	17．パートナーシップで目標を達成しよう
9．産業と技術革新の基盤をつくろう	

　ESD の SD は SDGs のＳＤと同じで、Ｅは教育（Education）です。2002 年の持続可能な開発に関する世界首脳会議で提唱されました。また、2017 年の国連総会で「 ESD は全ての持続可能な開発目標（SDGs）の実現の鍵である」旨を再確認しています。SDGs から ESD が生まれたわけではありませんが、どちらも目指すところは同じです。SDGs を達成するための教育をしようとする取り組みが ESD だと考えてよいと思います。

　ESD はユネスコが主導機関に指名されており、ユネスコスクールを中心に活動を広げています。ユネスコスクールの取り組みを見ると、以下の様な実践例が見られます。

❶人とのつながりを実感できる保育

> あいさつ運動、書き損じはがき収集、ごっこ遊びで相手のことを考える、老人施設訪問、地域の伝統文化と地域の人々とのつながり、地域の祭りに参加、日本の文化に親しむ、英語遊び

❷自然とのつながりを実感できる保育

> 散歩、生きもの探し、虫とり、ドングリや落ち葉を使って工作、飼育・栽培活動、雪遊び、川や山での探検・いかだ遊び

❸環境美化など環境に対する働きかけをする保育

> 町のプランター整備、ゴミ拾い、廃材や廃品を使った工作、ペットボトルキャップ集め

　今までの保育と大きく違うところはありません。自然や人とのつながりを意識し、自然のことや相手のことを考える、環境美化、ということ を少していねいに扱うということです。つまり、ESD から見ると自然や人とのつながりを意識して保育に当たることが大切である、といえそうです。これは、保育内容（環境）時のポイントと同じなのではないでしょうか。

おわりに

　乳幼児期の子ども達は境目がない、あるいは境目を消す力があると感じます。日々の遊びの中で、対象と自分、事物と生き物、現実とファンタジー、破壊と創造、そして遊びと学びの間を自由に往き来しています。そこには、領域の壁もありません。本書では、保育者養成教育での学びを、こうした子ども達の学びの姿に近づける試みをしました。みなさんは、体験に没頭し、楽しみながら、いきいきと学ぶことができたでしょうか。

　これからを生きる子ども達は、かつて出会ったことのない多くの課題に遭遇すると考えられます。近年注目されている教育に science と art の融合が見られるのは、自分を含む世界を理解しようとする欲求に応じ、探究へといざなう科学と芸術の世界が、今を懸命に生きている子ども達の力になると考えられているからでしょう。そうした世界を感じる体験を子ども達に、というのが、それぞれの専門性をもち、保育者養成の場で出会った私達が、読者のみなさんに託す願いです。より多くの園で、「ふしぎだね」「きれいだね」「たのしいね」のつぶやきが聞こえることを願っています。

　本書は、領域の境目なく学べるテキストです。学び手も、保育者を目指す学生だけでなく、今一度、子どもと向き合う感性を磨きたい、子どもにとっての豊かな環境になりたいと願う保育者の方々も想定し、教材研究、保育者研修、認定講習等にも役立つガイドブックになっています。ぜひ、ご活用ください。

　最後に、本書発刊を支えてくださった学校図書の野口恵美氏はじめ、実践協力者である学生たちと保育者の方々、写真を提供してくださった方々に心より御礼申し上げます。

著者一同

執筆者		執筆箇所（下線はコラムのみ執筆）
槙　英子	Ⅰ 理論編	1-**1** 6-9,　2-**1** 17-19
	Ⅱ 体験編	25-28,31,35,37,<u>40</u>,41,43-44,46,50,53,<u>55</u>,58-63,67-69,71,73-74,76-77,81-83,90-94,98-100,107-108
	Ⅲ 発展編	110-115,120-121
末永昇一	Ⅰ 理論編	1-**2** 10-13
	Ⅱ 体験編	24,38-40,47,49,52,54-57,64-66,70,72,78-80,84,88-89,95,101-104
	Ⅲ 発展編	116-117,124-125
木下和彦	Ⅰ 理論編	1-**3** 14-16,　2-**2** 20-22
	Ⅱ 体験編	25-28,29-30,32-24,36,42,45,51,75,85-87,96-97,105-106
	Ⅲ 発展編	118-119,122-123

著者紹介

　槇　英子（まき　ひでこ）

　淑徳大学教授。千葉大学教育学部中学校教員養成課程美術科卒業、筑波大学研究生、千葉大学大学院教育学研究科学校教育専攻幼児教育分野修了。造形講師、非常勤講師、東横学園女子短期大学専任講師、2008年淑徳大学専任講師、准教授を経て、2016年より現職。

　2010年〜全国造形教育連盟幼保部会長・2014年〜「美育文化ポケット」編集委員・2003年日本乳幼児教育学会第一回「新人賞」受賞（修士論文）・2008年第3回こども環境学会賞活動賞受賞（『アトリエたんぽぽ』の27年−アート活動による子育て支援の継続−）
（単著）『保育をひらく造形表現』（萌文書林）
（共著）『倉橋惣三「児童心理」講義録を読み解く』（萌文書林）『絵本でつくるワークショップ』（萌文書林）『保育者の資質・能力を育む保育所・施設・幼稚園実習指導』（福村出版）『造形表現・図画工作』（建帛社）『新しい保育講座11 保育内容「表現」』（ミネルヴァ書房）他

　末永　昇一（すえなが　しょういち）

　淑徳大学准教授。1954年千葉県千葉市生まれ。1977年千葉大学教育学部卒業。千葉市立検見川小学校、千葉市立幸町第二小学校、千葉大学教育学部附属小学校、千葉市立寒川小学校に教諭として勤務。千葉市立土気南小学校教頭、千葉市教育委員会指導主事、千葉市教育センター主任指導主事、千葉市立土気南小学校長、千葉市立稲丘小学校長、千葉市稲毛公民館長を経て2017年より現職。

　2012年〜2015年日本初等理科教育研究会理事長。

（単著）『作り直しでアイディアがどんどんふくらむ楽しいモノづくり』（学事出版）
　　　　『ここから始める生活科』（学校図書）
（共著）『小学校理科授業クリニック』（学事出版）

　木下　和彦（きのした　かずひこ）

　宮城教育大学教職大学院准教授。1986年広島県広島市生まれ。2010年東京学芸大学教育学部卒業。2017年同大学院連合学校教育学研究科博士課程修了、博士(教育学)。八戸学院短期大学専任講師、2017年淑徳大学専任講師、2021年同大学准教授を経て、2022年より現職。
　ポピュラー音楽や現代音楽に基づく音楽科創作教材開発、保育者養成課程における即興演奏能力育成に関する論文等を執筆。

（共著）『保育者・教師をめざす人、集まれ〜！みんなピアノだい好き！』（全音楽譜出版社）
　　　　『コンパス音楽表現』（建帛社）
　　　　『シリーズ知のゆりかご　子どもの姿からはじめる領域・表現』（株式会社みらい）

写真協力

淑徳大学 ／ 磯辺白百合幼稚園 ／ アトリエたんぽぽ ／ 佐藤 響子

ふしぎだね。きれいだね。たのしいね。 体験から学ぶ 領域「環境」「表現」に関する専門的事項

令和3年 7月31日 初版第1刷発行	**著 者**	槇 英子　末永 昇一　木下 和彦
令和3年11月 1日 　　第2刷発行	**発行者**	橋本 和夫
令和4年 7月 1日 　　第3刷発行	**発行所**	学校図書株式会社
令和5年 3月31日 　　第4刷発行		〒101-0063
令和6年 8月20日 　　第5刷発行		東京都千代田区神田淡路町二丁目23番地1

電話　03 - 6285 - 2927
FAX　03 - 6285 - 2928
URL　http://www.gakuto.co.jp